JN083201

矢巻 美穂

はじめて旅するウラジオストク

辰巳出版

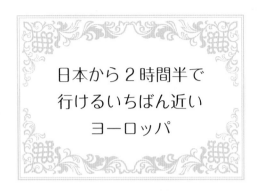

日本から 2 時間半で
行けるいちばん近い
ヨーロッパ

ВЛАДИВОСТОК

散歩しようよ！

Погуляем！

Index

2 … 写真で巡るウラジオストク

8 … ようこそウラジオストクへ　ウラジオストクってこんな街

12 … ウラジオストクへのアクセス

14 … 凍らない軍港ウラジオストク

ウラジオごはん　part 1

16 … ロシア料理が食べたい

20 … 新鮮魚介を食べる！

22 … どれが好み？ピロシキ図鑑

24 … ロシアで楽しむ異国料理

26 … ウラジオストクのお酒事情

ウラジオストク・エリアガイド

28 … ウラジオストクの歩きかた

30 … スベトランスカヤ通り① ヴェルサイユホテル通りを歩く

32 … ロシア式大衆食堂スタローバヤで気軽にごはん

36 … 9ストリート アートな路地裏へ

38 … アドミララ・フォーキナー通り 噴水通りを歩く

44 … ナベレジュナヤ通り スポーツ湾・海岸通りを歩く

48 … ウラジオストク・ステーション ウラジオストク駅周辺を歩く

52 … スベトランスカヤ通り② 中央広場～グム百貨店を歩く

56 … グム裏 昼も夜も映える路地裏

60 … ブーフタ・ザラトーイ・ローク 金角湾を歩く

65 … プーシキンスカヤ通り プーシキン通りを歩く

ロシアで見たい本場のエンタメ！

69 … 01 サーカスが見たい！

70 … 02 人形劇が見たい！

71 … 03 バレエが見たい！

72 … 水族館で一日遊ぶ

74 … 日本の軌跡を辿る

ウラジオごはん　part 2

76 … おいしいレストランへ

88 … ボルシチ作りに挑戦！

90 … ペリメニ作りに挑戦！

94 … 猫ちゃん天国ウラジオストク

96 … ローカルな市場とここだけの路面電車

98 … Hotel ウラジオストクホテルの事情

持ち帰りたいウラジオストク

107 … 港町ウラジオグッズ

108 … マトリョーシカ図鑑

110 … ロシアの伝統工芸

112 … 荘厳な雰囲気のミサへ

113 … ロシア正教グッズ

114 … 専門店でお買いもの

116 … ついつい毎日行っちゃうコンビニ＆スーパー

120 … ホテルで部屋飲み

122 … 地図

※本書掲載のデータは2020年2月現在のものです。
店舗の移転、閉店、価格の改定などにより、訪れる
時期によって実際と異なる場合があります。

Добро пожаловать!
Во владивосток
ようこそウラジオストクへ

ウラジオストクってこんな街

[都市名] ウラジオストク
 Владивосток（ロシア語）
 Vladivostok（英語）
[面 積] 331.16㎢
[人 口] 605,049人（2019年現在）
[宗 教] キリスト教（ロシア正教、プロテスタント、
 カトリック）
[言 語] ロシア語（公用語）

成田空港から直行便で2時間半という近さ。「日本からいちばん近いヨーロッパ」というキャッチフレーズで大注目。2017年にはビザが緩和、直行便もあって、2泊3日からのツアーも続々と販売され、ますます行きやすくなった。素敵な街並み、軍港、ロシア料理と魅力がいっぱい。ならば行ってみようウラジオストク！　まずは基本情報をチェック。

ロシアの中のウラジオストク、日本との距離と時差

ロシアは 1710 万km²と、世界で最大の面積を有する国。首都のモスクワからウラジオストクまでは約 9000 km、時差は 7 時間もある。飛行機では 8 時間、シベリア鉄道では最短で 6 泊 7 日もかかる。いっぽう日本は、東京から飛行機で約 2 時間半、距離は約 1000km と近い。時差は日本より 1 時間進んでいて、日本が朝 8 時の時、ウラジオストクは朝 9 時となる。

Российская Федерация ロシア連邦

Санкт-Петербург
サンクトペテルブルク

Москва
モスクワ

モスクワ←9000km→ウラジオストク

飛行機で
8 時間

シベリア鉄道
6 泊 7 日

Владивосток
ウラジオストク

気　候

亜寒帯冬季少雨気候で、札幌とほぼ同じ緯度に位置し、年間平均気温は約 4℃。そう聞くと、とにかく寒いのではと思われるかもしれないが、夏には 30℃を超える日もあり海水浴もできる。大まかな季節の区分は、春（4 月～5 月）、夏（6 月～8 月）、秋（9 月～10 月）、冬（11 月～3 月）に分けられる。春は 4 月から暖かくなり始め、5 月の平均気温は 15℃位まで上がる。夏は雨が多くなるが 22～23℃と過ごしやすく、夜 9 時頃までは明るいので、観光のベストシーズン。9 月後半から気温が下がり始め、10 月中旬になると東京の冬のような気温に。11 月中旬からは、昼間でも 0℃を下回る。12 月～2 月は極寒で、－20℃まで下がることも。冬はとても寒いので防寒対策が必要。ただし、北海道の冬と同様に室内はとても暖かく、この時期でもアイスを食べたりする。

Во ВЛАДИВОСТОК

通 貨　2020年1月現在、1P≒1.7円

通貨単位はロシア・ルーブル（ルーブルの通貨記号はPと表記されるが、本書ではrubと表記）。補助通貨のカペイカもあるが、1カペイカ＝0.02円弱という価値なので、ほとんど流通していない。紙幣は5000、2000、1000、500、200、100、50、10。硬貨は10、5、2、1。カペイカは50、10、5、1。クレジットカードは市場を除き、ほとんどの店で使用できる。

両　替

日本円からルーブルへの両替は、ウラジオストクでするのが断然おトク。アジアに多い単独のショップのような両替所はなく、ホテルのフロントでも両替はできない。正式両替所の銀行で両替を行う。レートの良い順番は、①ウラジオストク市内の銀行両替所　②現地ATM　③日本の空港の銀行両替所　④ウラジオストク空港の銀行両替所となる。ウラジオストク市内の銀行は日曜休みが多く、17〜19時にクローズ。またウラジオストク空港の銀行両替所も17時で閉まる。日本発の飛行機は夜の到着便が多いので、現地で両替できる時間を考えると、少量を日本で替えてから現地で残りをするのがオススメ。レートが良いと評判なのは、バンクプリモーリエ。アルセーニエフ博物館前にもあるので利用しやすい。また、市内中心部で唯一、日曜も開いているのはサミット銀行。本書地図で両替所を確認しよう。

電　圧

ロシアの電圧は220V、プラグの形状はヨーロッパCタイプ。最近はほとんどが国際仕様の100〜240Vなので、スマートフォンやデジカメなどは、プラグのアダプターの使用でそのまま使えるものが多い。100Vの電気製品には変圧器が必要なので、自分の電化製品の電圧を確認しておこう。

Wi-FiとSIM

Wi-Fiはレストラン、カフェ、スーパーなどさまざまな場所で使えて、日本より発達している。宿はホステルからホテルまで、ほぼ100％でWi-Fiを完備。SIMロックフリーのアンドロイドまたはiPhoneなら、SIMカードは空港で購入できる。MTC、Beeline、MegaFonなどの販売店がある。

交 通

空港から市内へ

ウラジオストク空港から市内までの距離は44km。送迎付きプランなら手荷物を受け取りゲートに出れば、その場所でプレートを持ったスタッフが迎えに来ている。喫煙などでいちどロビーから出てしまうと再入場は日本のようにすぐに戻れず、手荷物検査があり少し手間がかかるので注意したい。そのほか個人で移動する手段は、タクシー、バス、アエロエクスプレス（電車）のいずれか。電車の最終時刻は17時40分、バスは20時（時期によっては22時の場合もあり）。それ以降に到着する場合はタクシーのみ。

| バス | 空港から市内中心部までは、107番に乗車する。空港から終点ウラジオストク駅までの所要時間は約1時間。料金は片道200rub、スーツケース1個につき100rub。107番バス時刻表は、6:50から20:00まで30分から1時間の間隔で発車。 |

| 鉄道 | ウラジオストク空港とウラジオストク駅を約55分で結ぶ鉄道のアエロエクスプレスは、1日5往復の運行。料金は普通席250rub、ビジネス席380 rub。空港からは最終便が17時台なので到着の時間によっては使えない。帰国の際に乗ってみよう。 |

| タクシー | タクシーカウンターで受付、空港から市内までのタクシー料金は一律で決められていて1,500rub。市内までの所要時間は50分～1時間。 |

市内の交通

歩いて回れる場所が多いが、ルースキー島方面や少し郊外へは、バスやタクシーを利用する。市内でタクシーに乗る場合、日本のようにわかりやすくない。車体にナンバーがあればタクシーなのだが、外で手をあげて止める乗車方法はほとんどとらない。ホテルかレストランで呼んでもらうか、Gettなどのサイトに登録しておくと便利（P127）。メーターはなく交渉制だが、タクシーサイトや呼び出しのタクシーでは、料金があらかじめ決められているので、交渉や支払いでのトラブルは少ない。バスはグーグルマップで行き先を入れれば、近い乗り場と下車駅を表示するので便利。バスは一律28rub。お釣りの用意はあるが、大きな紙幣ではない場合もあるのでなるべく小銭を用意しておこう。

パスポートとビザ

パスポートの有効残存期限は、ロシアを出国時に6ヶ月以上が必要となる。これまでウラジオストクに入国するには観光ビザが必要だったが、2017年8月よりウラジオストクの空路と航路に限り、電子ビザのインターネット申請ができるようになった。自宅でPCから申請し、プリントアウトして見せるだけで入国が可能。入国予定日の20日～4日前までに申請が必要となるので、余裕を持って申請しよう。電子ビザの有効期限は発行日から30日間以内で、滞在期間は入国日から8日間以内（入国日を1日目と数え8日目の23時59分までなので実質7日間）。ウラジオストクを含む、沿海州の滞在のみの許可。ハバロフスク、サハリンなど極東ロシアの都市ごとに電子ビザ制度があるが、2都市を同時に行くことはできず、いちど出国しなければならない。ハバロフスク経由でウラジオストクへ来る時など、2都市をまたぐ場合は従来通り観光ビザが必要。詳しくは、ロシア連邦外務省のホームページを。電子ビザは、休日及び祝日を問わず4日以内に発行される。送られてきた電子ビザは、空港やホテルでのチェックインで必要となるため、プリントアウトして常時携行する。出国するまで、大切に保管しよう。

電子ビザ
QRコード

САМОЛЕТ
日本から直行便でラクラク
ウラジオストクへのアクセス

2020 年 2 月現在、ウラジオストクへのアクセスは飛行機と国際
フェリー。人気は直行便で快適に行ける飛行機！

2017 年よりウラジオストクの入国に限り、電子簡易ビザ（E-VISA）が個人でインターネットから申請できるようになり、人気急上昇の観光地として一躍注目を浴びるウラジオストク。成田、関西、新千歳の国際空港からは直行便もあって、日本からのアクセスの良さも魅力のひとつ。直行便はオーロラ航空（アエロフロート・ロシア航空）、S 7 航空、ウラル航空とロシア系航空会社 3 社が運航。さらに 2020 年春には、JAL 、ANA の運航も決定していて、ますます人気が高まりそう。所要時間は関西国際空港からは最短で 2 時間 5 分と速く、成田空港からも 2 時間半で到着できる。

鳥取県の境港から、韓国の東海港を経由してウラジオストク港に着く。国際定期貨客船で週 1 便運航（冬季は運休）。

国際フェリー

DBS クルーズフェリージャパン株式会社

鳥取県境港市昭和町 9-23 境港国際ターミナル内
0859-30-2332
http://www.dbsferry.com/jp/main/main.asp

成田国際空港、関西国際空港、新千歳国際空港から直行便でラクラク。2020 年 2 月現在、ロシア系航空会社が運航している。

✈ オーロラ航空

成田から毎日運航

オーロラ航空は、アエロフロートグループにおける極東唯一の航空会社で、2011 年にサハリン航空とウラジオストク航空の 2 社が統合して誕生。極東ロシア各地 39 路線をつなぎ、アエロフロートグループに再編されてわずか 2 年で業績を劇的に伸ばした。成田からウラジオストクへ春～夏の間は毎日運行。その他、成田から週 2 便（火・金）、新千歳から週 4、5 便ユジノサハリンスクへの運行もある。

成田ーウラジオストク間は、現在エアバス 319（ビジネス 8 席、エコノミー 120 席）が運行している

とっても静かなキャビン！

✈ ウラル航空

新千歳からの直行便なら

エカテリンブルクに本社を置くウラル航空は、新千歳は週3便と、日本国内への就航を拡大しつつある、ロシアで5本の指に入るフライト数を持つ航空会社。機体はエアバス320型機で、新千歳からの飛行時間は約2時間と日本から最短の時間で飛行する。ロシアでも人気の高い北海道便に力を入れて、路線を展開している。エコノミースタイルで価格を抑えた航空料金が人気。

白、青、赤の
ロシアンカラー
が目印！

✈ S7 航空

東京から毎日運航

国内線では最大のシェアを占めるシベリア航空。その商標名をS7（エスセブン）航空といい、現在ロシアでは最大手の民間航空会社だ。ロシア国内では、60カ所、101の就航地があり、ボーイングやエアバスなど102機を所有する。成田・羽田を合わせた東京からは、春夏は毎日運航（予定）。関西から秋冬は週1、春夏は週2便運航。世界で最も定時到着率の高い航空会社としても知られ、旅客機の発着時刻情報などを分析する米国のFlightStatsのランキング1位を連続で獲得するなど、定刻の離発着に定評がある。

鮮やかグリーンで
ひときわ目立つ機体

最新のスケジュールはJATMを要確認！　おトクなツアーや、往復別々の航空会社での手配なども可能なのでHPをチェックしてみて。

✈ 飛行機のスケジュール・予約

株式会社ジャパン・エア・トラベル・マーケティング
（JATM）

東京都港区芝2-3-3 芝2丁目大門ビル2階
03-6809-3751
http://www.jatm.co.jp/

Морской порт
凍らない軍港ウラジオストク

1 祖国防衛者の日のポスター。第一次世界大戦の赤軍決起の記念日で、男性に感謝する日。日本のバレンタインデーのような祭日　2 9 ウラジオストク要塞博物館に展示されている大砲と魚雷　3 7 中に入れる潜水艦C-56　4 毎日正午に金角湾で大砲が撃たれる　5 金角湾クルーズで間近に見る軍艦　6 第一次世界大戦時の戦車の切手　8 ウラジオストク要塞博物館にある指令本部だった建物　10 海でワカサギとは意外だが、日本同様氷に穴をあけるやり方でワカサギの一種が釣れる

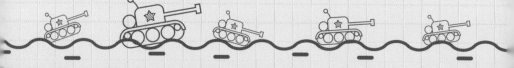

不凍港を求めて南へ。
極東ロシアの軍事最前線、ウラジオストク

南下作戦、不凍港という言葉を聞いたことがあるだろうか。それが当てはまる都市がまさにここ、ウラジオストクなのだ。時は1721年から1917年まで存在したロシア帝国時代に遡る。広大な国土を持ちながら、ほとんどが高緯度のため、冬になると港が氷に閉ざされ、軍事活動が制限されていた。そのためロシア帝国は冬でも凍らない港を求め、南へと領土を拡大する政策を実行。すなわち南下作戦である。

イギリスを中心に、これを阻止しようとする諸外国との対立は激化するが、清の弱体化に乗じてついにその時は訪れた。1860年の中露北京条約の締結で沿海州を獲得すると、翌年に悲願だった凍らない港「ウラジオストク」を開港。太平洋に最短で出撃できる軍事的な要衝となった。当時は各国の民間船舶の入港を認める自由港だった。軍事面だけを考えると自由港とは少し不思議な感じもするが、もうひとつの目的は冬季にも安定的に、ロシア全土に物資を供給できるようにするというものがあった。そのひとつの手段であるシベリア鉄道が1903年に開通（ハバロフスク―クエンガ間を除く）。これはロシアに物資を供給するだけではなく、徐々にヨーロッパやアジアの玄関口としての道も開かれつつあった。

しかし1904年に日露戦争が勃発。その後も第二次世界大戦が開戦、冷戦時代へ突入する。1958年からソ連が崩壊する1991年まで、実に33年間も外国人の立ち入りが禁止され

た閉鎖都市となった。余談だが、この期間に黒澤明監督は沿海州で映画撮影をしている。博物館の名前にもなっているウラジミール・アルセーニエフの作品だ。1975年にソ連と日本の合作として制作。この時代に映画を撮影できるとは、黒澤明はソ連でも特別な存在だったのだ。

ソ連が崩壊すると再び自由港に戻り、軍港と商業港に。現在でも極東の軍事拠点として多くの軍艦が停泊、ロシア太平洋艦隊の本部もここにある。港では毎日正午を知らせる大砲を打ち上げる。7月にはロシア連邦海軍の日として盛大なイベントが催される。ここは紛れもない軍港だ。大砲は仮想敵国である日本に向けられていた。街を歩けばその軌跡を感じる。戦争と平和、両国間のさまざまな問題、課題は蓄積しているが、旅に出るとそれとは全く別の感情が生まれてくるのも事実。正午の大砲に驚き、はじめて入る潜水艦はとても興味深かった。金角湾のクルーズで間近に見る軍艦の圧倒的な大きさに興奮した。街を歩く水兵さんをかっこいいと思った。実際に行ってみると、キレイなヨーロッパの街並みが続くだけのかわいい街ではなく、この都市が歩んできた歴史と凄みを感じた。

ちなみに実際は、冬季の港はだいたい凍る。軍港側でも一部は凍る。砕氷艦で水を砕いて進んで行けるということか。凍る海を市民も楽しみにしていて、この時期だけのお楽しみのワカサギ釣りもできるという、ちょっとほっこりする話もある。

ロシア料理が
食べたい

**素朴でシンプル。やさしい味付けで
はじめてでも食べやすいロシア料理**

食材そのものの味を生かし、スパイスや唐辛子を
あまり使わないやさしい味付けが多い。前菜や
スープなどにはハーブや野菜がたっぷり使われ、
サラダも定番。ロシア料理店ではザクースカと呼
ばれる前菜とスープ、肉や魚のメイン料理が基本
のメニュー。旧ソ連から独立した国の料理や近隣
各国の料理もあって、ロシアで食べられる料理は
実に多彩。さらにウラジオストクでは新鮮な魚介
類も加わるので、どの料理を食べるか迷ってしま
うという、楽しい悩みが発生する。

Супы
スープ

Солянка
ソリャンカ

塩漬け野菜を中心に、肉などを入れた具だくさんのスープ。塩味と酸味が効いた濃い味

Грибной
グリブノイ

ロシアできのこといえば、マッシュルームのこと。マッシュルームの風味が広がり、どこで食べてもハズレなしのおいしいスープ

やっぱりボルシチ！
それから夏用までと多彩なスープ

寒いロシアでは、スープは必須。世界三大スープのひとつ、ボルシチをはじめ種類も豊富だ。家の中が暖かいためか、スープはさほど熱くないことも。でも、やっぱり熱々のスープが飲みたい。そんな時は、ヤ ハチュー オーチン ガリャーチースプ（Я хочу очень горячий суп）と伝えてみて。どこの店も快く応じてくれる。

Окрошка
オクローシカ

夏の定番の冷たいスープ。キュウリや玉ねぎなどを細かく刻み、ライ麦と麦芽を発酵させたクワスを入れて作る

Ролл с капустой
ゴルブツィ

ロシアのロールキャベツは家庭や店によって中身はいろいろ。野菜や肉、米などさまざまな具材を合わせる

бефстроганов
ビーフストロガノフ

牛肉と玉ねぎ、きのこをバターで炒めてから、スープを加えて煮込んだ料理。スメタナが入るので、クリームシチューのように白い

Борщ
ボルシチ

ビーツと玉ねぎ、ニンジン、キャベツなどの野菜を炒めて、牛や鶏などのスープと合わせて塩で味付けしたもの。赤いのはトマトではなくビーツの色。ロシア語の発音はボルシ

Основное блюдо
メイン料理

食べておきたい
メインディッシュは？

ロシア人は肉が大好き。ステーキや串焼き肉のシャシリクもよく食べる。ロシア料理でもメインは肉系が多く、代表格はビーフストロガノフ。ウクライナの首都キエフの名を冠するキエフスキーカツレツ（チキンカツ）も人気。

Котлета
コトゥレタ

日本のカツレツは、衣で揚げたものが一般的だが、ロシアではデミグラスソースなしのハンバーグのようなもの。写真はキエフスキーカツレツ

Салаты
サラダ

2大サラダは
ヴィネグレットとオリヴィエ

冬が長いロシアだが、意外にも生野菜もよく食べられる。大きく分けると塩＋油のシンプルタイプとマヨネーズ味に分けられる。人気はヴィネグレットとオリヴィエ。生野菜のお惣菜的な感覚でどれもおいしい。

Селёдка под шубой
セリョートカ・パド・シューボイ

直訳すると毛皮を着たニシンという、なんとも素敵な名前。塩漬けのニシンを、ビーツやジャガイモとマヨネーズで和えた手の込んだサラダ

Винегрет
ヴィネグレット

ビーツの色鮮やかなサラダ。ジャガイモやニンジン、玉ねぎ、ピクルスに塩、油を加えたシンプルな味付け

Оливье
オリヴィエ

ヴィネグレットとともに、ロシアを代表するサラダ。ロシア版のポテトサラダで、ジャガイモにマヨネーズで味付け。新年によく食べる

Салат с чукой
サラット ス チューカイ

沿海州で採れた海藻を使ったサラダで、ロシアというよりウラジオストクで食べられる。中華風の酸味の効いた味付け

主食は？

Основная еда 主食

主食という概念はなし？
ジャガイモや蕎麦の実と一緒に

米やパンのように、主食はコレという明確なものはなく、メイン料理にさまざまな付け合わせを食べる。主なものは、ジャガイモやグレーチカと呼ばれる蕎麦の実を茹でたもの、黒パンなどいろいろ。

Отварной картофель
オトヴァルノイ カルトフェリ

塩茹でしたシンプルなジャガイモ。さまざまな料理の付け合わせとして出されることが多い

Картофельное пюре
カルトフェリノエ ピュレ

茹でたジャガイモをすりつぶし、塩やブイヨンなどで味付けて整形したものやバターと牛乳、ふわふわ食感のマッシュポテトなどポピュラーなジャガイモ料理

Гречка
グレーチカ

皮付きの蕎麦の実。スープで炊いたり、塩茹でしてバターで和えたりして食べる

Сырники
スィルニキ

トヴォログという白いチーズを入れたパンケーキで、定番の朝食メニュー。発酵系なので好みは分かれる味

Каша манная
カーシャ・マンナヤ

小麦粉を牛乳で煮て、塩やバター、砂糖で味付け。それをすりつぶして滑らかにした甘いお粥のようなもの

人気メニューは
専門店で

пельмени ペリメニ

Популярное

小さなかわいい水餃子は
専門店もある人気の料理

ロシアの定番の家庭料理で、練っ
て伸ばした生地にひき肉を詰めて
茹でたもの。ペリメニの専門店が
あるほどの大人気の料理だ。中身
が肉のものをペリメニ、それ以外
の具材を詰めたものをワレニキと
いい、食事系からデザートまでと
幅広い。

Пельмени
ペリメニ

ひとつ約3cm、帽子のようなかわ
いいフォルムのロシア版肉の水餃
子。小さいのでいくつでもいける

Вареники
ワレニキ

スイーツ系

Ягоды и сыр
ヤゴディ イ スィル

甘酸っぱいベリーにコッ
テージチーズを入れたデ
ザート。ちょっとしたお
やつに最適

Творог
トゥヴォログ

中身はコッテージチーズ
のみ。沿海州の名産品の
はちみつをたっぷりかけ
ていただく

食事系

Кальмар
カリマル

中身はみじん切りしたイ
カ、生地にはイカ墨を練
り込んだイカのワレニ
キ。港町ウラジオストク
ならではの一品

Капуста
カップスタ

炒めたキャベツがぎっし
り。ワレニキの中では王
道の中身で、ペリメニと
二分する人気

блины ブリヌイ

Мёд
ミョード

生地のおいしさがいちばんわかるブ
レーンなタイプ。沿海州産のはちみ
つをかけていただくスイーツ系

ランチにも、おやつにも！
中身はいろいろ、ロシアのクレープ

小麦粉や蕎麦粉などで作るクレープ。生地には
ヨーグルトも入りいちど寝かせて発酵させるため
生地はもっちり。中身は、イクラやサーモンを入
れた食事系や、フルーツやジャム、はちみつなど
を入れたスイーツ系までいろいろ楽しめる。

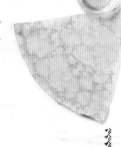

Икра лосося
イクラ ロソースィヤ

沿海州産の名産品のイクラを入れ
たブリヌイ。イクラのちょうどい
い塩味がたまらなくおいしい

Грибы
グリブィ

ソテーしたマッシュルームが
たっぷりと入った食事系。ロ
シアのマッシュルームは味が
濃くて本当においしい！

新鮮魚介を食べる！

ロシアを代表する沿海州の
魚介類の旨さといったら！

ロシア国内で高い水揚げ高を誇
るウラジオストクの漁港。日本
海に面し、日本同様たくさんの
魚介類が採れる。タラバガニ、
サーモン、イクラや大鮃（オヒョ
ウ）、ホタテなどはマストで食
べておきたい海の幸。

морепродукты
魚介類

冷凍しない生の魚介のおいしさに感動！

魚介類に厳しい日本人にこそ食べてほしい、納得のおいしさ。ロシアの魚介の専門店のほとんどは、生きたままのものを調理。冷凍しないものがこんなにおいしいのかと再確認。ウラジオへ行ったら魚介類をぜひ食べてみてほしい！

Краб
クラブ

ウラジオストクのカニといえば、タラバガニ。レストランの水槽から取り出してすぐに調理されるので、鮮度は抜群！

Лосось
ロソースィ

名産品であるサーモンは、カラフトマス、シロザケ、ギンザケ、マスノスケ、サクラマスなどたくさんの種類が採れる

Мидии
ミディア

沿海州で採れるムール貝は、少し小ぶりのキタノムラサキイガイ。パスタや煮込み、オイル漬けなどで食べる

Икра лосося
イクラ ロソースィア

発音は日本同様、イクラ。ロシアでは魚の卵をすべてイクラといい、日本のイクラは「赤いイクラ」という

Палтус
パルトゥス

カレイの仲間で、ロシアではポピュラーな大鮃という魚。採れたてを刺身やムニエルでいただく

最近は養殖も盛んになってきたエビ。塩焼きや素揚げなど、素材を生かしたシンプルな調理方法で食べる

Креветка
クリビエッカ

お土産に

ウラジオストクで人気のお土産は魚介類の加工品。スーパーや専門店、空港にも店があり、日本に持ち帰りもできるので、滞在最終日に買いたい

まるで別モノ？
3種類のピロシキ

ロシアに行ったら食べておきたい筆頭格はピロシキ。カレーパンのような揚げパンの中にひき肉というイメージだけど、本場ではそれだけじゃなくて3種類のピロシキがある。いちばんポピュラーなのは硬めのパンの中にお惣菜を入れたもの。そして伝統的な揚げパンタイプ、さらにレストランではパイ生地の高級路線も。共通するのは中身で、いろいろな具材を詰めたお惣菜パン的な存在なのだ。生地が違うと食べた印象も大きく異なる。食べ比べしてみるのも楽しみ。

どれが好み？
ピロシキ図鑑

Пирожочница
ピラジョーチニッツァ

住 Владивосток,Алеутская, 11
営 24 時間　休なし
カード ○　メニュー 日本語あり
🚶 ウラジオストク駅から徒歩3分　MAP P124 C-4

ウラジオストクのピロシキで絶対外せないのがこのお店。ザ・ロシアの母といった雰囲気のエレナさんが作る伝統的な揚げパンタイプが食べられる

пирожки

ピロシキ

ロシア人がピロシキといって
連想するのはパンタイプ **パンタイプ**

水分の少ないパンの中に具材を詰めたお惣
菜パンで、大衆食堂のスタローバヤやスー
パーなどでよく見かけるのがパンタイプ。
ロシアではこのピロシキが主流で、食感は
やや硬め。ランチやおやつに食べる。

パイタイプ

サクサク食感がたまらない！
ちょっと高級路線のピロシキ

バターを練りこんだパイ生地で、レストラン
やカフェなどで出されるのがこのタイプ。サ
クサクとしたパイ生地に、ひき肉やレバー
ペースト、さらにリンゴやベリーなどのフ
ルーツを入れたスイーツ系も。

やっぱりこれがいちばん好き！
なじみのある伝統的なピロシキ **揚げタイプ**

日本人がいちばんイメージするのがこの揚げタイ
プ。揚げたての熱々はモチっとした食感でたまらな
い。以前は家庭でよく作られた伝統的なピロシキだ
が、意外にも売られている場所は少ない。

ピロシキの中身は無限大！

中身の具材はひき肉だけじゃなく、ポテトやキャベツ、
ジャムなどさまざま。ポピュラーなのは卵とネギ、さ
らにごはんが入ったもの。パンの中にごはんまで入る
とは、なかなかの意外性だけれど、具材に穀物が入っ
た感覚でさらっといける

ロシアで楽しむ異国料理

ロシア人は外でロシア料理を食べない？
外食で人気の世界各国の料理

ロシア人にとってロシア料理は毎日家庭で食べるもの。だから外で食事をする時には、家庭では食べられない味を求め、世界各国のレストランへ行くのが主流。旧ソ連の構成国だった国や、大陸の地の利から、ジョージアや中央アジア、北朝鮮などの料理店が集い、ウラジオストクでは世界各国の料理が食べられる。シンプルな味わいのロシア料理とは異なる、スパイスを多用するグルジア料理（現ジョージア）が、いま街では大人気になっている。

Хачапури
ハチャプリ

パンを独特な形に成形して、中にはチーズがたっぷり。オーブンで焼いて卵をひとつ落とせば、とろーりチーズがたまらないおいしさに

ジョージア料理

南コーカサス地方のジョージア。ロシアではグルジアと呼ばれ、クミンやカイエンペッパーなど、数種類のスパイスを使った料理が人気。

Хинкали
ヒンカリ

高さは約10cm、大きな小籠包やマントウのようなもの。ひとつのボリュームがすごい

Шашлык
シャシリク

クミンや塩で味付けをした豚や羊の串焼き。付け合わせのグリル野菜もおいしい

24

ウズベキスタン

旧ソ連の構成共和国だった中央アジアのウズベキスタンの料理もよく食べられる。9割近くの人がロシア語を話せるウズベキスタンとは、今も交流が深い。

Плов
プロフ

大きな鍋に羊肉や野菜を入れて油で炒めてから炊きあげる、ピラフのような作り方のごはん

Шурпа
ショルパ

大きな羊肉がゴロリと入ったスープ。ボリュームがすごいので、このスープだけでお腹いっぱいになりそう

Шашлык
シャシリク

中央アジアや中東でもよく食べられる、タンドールで焼き上げられる串焼き料理

Хлеб
ナン

ウズベク料理の主食はナン。ナンといってもイメージするインド風のナンではなく、見た目、味ともにほぼパン

北朝鮮

ウラジオストクと地続きの北朝鮮とは交流も深い。ウラジオストクには北朝鮮料理のレストランが数軒ある。日本ではなかなか食べられない、北朝鮮本場の味はぜひ試してみたいところ。

김치 찌개
大鮃のキムチチゲ

沿海州の特産品、脂のった大鮃（オヒョウ）を使ったキムチスープ

육회
ユッケ

日本では気軽に食べられなくなったユッケも、ここなら食べられる

냉면
冷麺

北朝鮮の代表的な料理は何といっても冷麺。本場の味を試してみて

ブリヤート共和国って知ってる？

シベリアにあるバイカル湖の南東部に位置するブリヤート共和国。ロシア連邦を構成する共和国のひとつで、庶民的な価格とスパイスが効いた味がウケている。

Буузы по-домашнему
ブジー ポ ダマシニムー

ブリヤートの小籠包で中の肉は羊。香りづけのスパイシーな風味がおいしい

Жаровня по-бурятски
ジャラヴニャ ポ ブリヤツキー

ブリヤート風肉焼肉。クミンなどの数種のスパイスをまぶした牛肉を熱々の鉄板に焼き上げる

ウラジオストクのお酒事情

ロシアのお酒と聞くと真っ先に思い浮かべるのは、ウォッカ。街にはウォッカを飲むロシアのおじさんが夜な夜な盛り上がる、という風景を思い浮かべていたが、実際にはそんな様子は全く見られず、毎晩のように飲む人はかなり少数。しかし90年代まではよくウォッカは飲まれていた。長い冬を乗り越えるためや、旧ソ連崩壊を迎えるまでの厳しい経済状況の中で、現実逃避的な役割を果たした側面もあった。しかしそれが身体へ大きな影響を与えていたことが近年の研究でわかってきた。ロシアの平均寿命は男性66歳、女性は77歳と10歳以上の開きがあり、これはウォッカの影響ではと言われている。戦争の影響という見方もあるが、ロシア帝国の終わりの1890年代では30歳、ソビエト連邦を形成した1920年代には43歳、ロシア連邦が成立した1990年代には60歳まで伸びたことを見れば、現在の平均寿命には影響し

ない数値だ。このような背景を元に、ロシア政府はアルコールを推進しない法律を樹立、テレビCM の禁止や夜間の購入不可を決定。ウラジオストクでは、レストランの営業時間中の飲酒は可能だが、スーパーでは夜10時までの販売。また路上や電車の中での飲酒は禁止。日本人がよくやってしまいそうなのが、長距離列車での飲酒。シベリア急行で車窓を眺めながらウォッカをちびりとやってみたいものだが、これは法律で禁止されているので注意したい。とはいえ、ロシア人もお酒を全く飲まないわけではなく、ウラジオストクではバーもたくさんある。女性はワイン愛好者が多く、ウォッカは男性の愛好者が多い。若者はカクテルやビールなども嗜む。バーではウォッカベースのカクテルもたくさんあって、旅先ではぜひ試してみたいところ。深夜営業や24時間のバーもあるので、ロシアならではのお酒が楽しめる。

Владивосток

ウラジオストク

Владивосток

ウラジオストクの歩きかた

歩いて回れる坂道の街、
ウラジオストク

徒歩で主要な場所へ行けるウラジオストクは、散歩するのが楽しい街。入って危ない通りはないので、どんどん散策してみよう。メインはスベトランスカヤ通りとオケアンスキー・プロスペクト通りの一帯。特に観光客に人気が高い通りは2つ。ひとつめは噴水通りと呼ばれるアドミララ・フォーキナー通り。

夏場には噴水が上がり、広い歩行者専用道路は観光客でいっぱいに。そしてもうひとつはスベトランスカヤ通り。この通りは長いので、2つに分けて考えてみる。ヴェルサイユホテルからアルセーニエフ記念国立沿海地方博物館までを、ここではヴェルサイユホテル通りと呼ぶことにしてみよう。博物館付

ナベレジュナヤ通り
（海岸通り）

スポーツ湾エリア

庶民的な遊園地と海を眺めつつ、海岸通りをのんびりお散歩。

地下道

噴水通りエリア

アレウツカヤ通り

上り急な上り坂が続く

観光客に人気 No.1スポット。街並みがかわいくてカフェもたくさん！

オケアンスキー・プロスペクト通り

州の重要文化財のグム百貨店の見事な建築を楽しみながら、グム業と呼ばれるオシャレスポットへ

スポーツ湾

小さなバーが続くバー通り

ヴェルサイユホテル通りエリア

アドミララ・フォーキナー通り

上り坂が続く

地下道

スベトランスカヤ通り

グム百貨店エリア

緩やかな上り坂が続く→→→

中央広場

ヴェルサイユホテルからアルセーニエフ博物館までのオシャレな通り。レストランも多くて賑やか。

ソ連樹立の英雄戦士の像が建った大きな広場。週末は市場が開催される。

金角湾エリア

押さえておきたい
7つのエリア

いちどは乗ってみたいシベリア鉄道の発着駅の駅や周辺ではシベリア急行が見られるほか、海の駅もここに。

ウラジオストク駅エリア

湾にはたくさんの軍艦、観光できる潜水艦、永遠の炎などが集うエリア

金角湾

28

近で道が狭くなるので一旦区切られるような感覚だが、ここもスベトランスカヤ。その先は中央広場、グム百貨店など主要スポットも。その近くにある金角湾は軍港のエリア。またその金角湾を一望するなら、ミニケーブルカーで鷹ノ巣展望台へ。地図上ではどこも近いので歩いてすぐに回れそうだが、ウラジオストクは坂道の街。ほとんどが坂道なので、予定を詰めすぎると、すぐにバテててしまう。のんびり歩きながら適度にカフェで休憩するのが、オススメの歩きかただ。

美しい街並みを見ながら
小さなケーブルカーに
乗って、展望台へ。
金角湾が一望できる。

プーシキン通りエリア

ゆるやかな上り坂が続く→→→

金角湾
大橋

1 シベリア急行が発着するウラジオストク駅　**2** 街の中心地、スベトランスカヤ通り　**3** ホテルやショップが入るパステルの建物が続くヴェルサイユホテル通り　**4** 噴水通りはカフェ巡りが楽しい　**5** 金角湾には現役の軍艦がズラリと並ぶ

Светланская ①

ヴェルサイユホテル通りを歩く

ヴェルサイユホテルから博物館までのオシャレな通り

まず散策したいのが、ヴェルサイユホテル通り。正式名はスベトランスカヤというが、通りのシンボル、ヴェルサイユホテルがあることから、本書ではヴェルサイユホテル通りと呼ぶことにする。ヴェルサイユホテルからアルセーニエフ記念国立沿海地方博物館までのおよそ300メートルの短い通りだが、道の両脇には思わず写真を撮りたくなるヨーロッパのパステルな建物が並び、気持ちもワクワク！　最初にぶらりとしたい場所なのだ。人気レストランのローシキ・ブローシキや、魚介料理に定評のある24時間営業のスタディオもこの通りに。終点にはウラジオストクでいちばん大きな博物館がある。

1 ピンクのかわいいクラシックホテルのヴェルサイユホテル　**2** パステルな街並みが続く
3 このオシャレなお店は24時間営業のコンビニ　**4** キュートな色彩に写真を撮りたくなる
5 レンガにペンキ直塗りが温かみを感じさせる

建物は街のシンボル
ウラジオストクでいちばん大きな博物館

学者、冒険家で「デルス・ウザーラ」「ウスリー紀行」
など、沿海地方の旅の本を多数書いたウラジミール・
アルセーニエフの名前を冠した博物館。沿海地方とウ
ラジオストクを中心に、世界の武器や先住民族からロ
シア帝国までの歴史を展示する博物館。1905 年に建
設され、当時は極東ロシア最大の貿易会社の建物だっ
た。ロシア革命後は、沿海地方州の財政局などを経て、
1918 年からの 6 年間は、日本の横浜正金銀行の浦塩
支店に。館内には当時の金庫も保存されている。

Приморский музей им. В.К. Арсеньева
アルセーニエフ記念国立沿海地方博物館

🏠 Светланская,20
📞 8-423-241-11-73　🕐 10:00 ～ 19:00　🈂なし
💰 400rub
🚇 ヴェルサイユホテル通り　MAP P124 C-3

1 極東ロシア先住民ナナイ族の生活文化を紹介する展示
2 入口を入るとすぐに横浜正金銀行時代の大きな金庫
がある　**3** 朝鮮民族が住んでいたと紹介される渤海の 7
世紀頃の遺跡を展示、博物館の目玉だ　**4** ウラジオスト
クの中心地に位置する大きな建物

ロシア式大衆食堂
スタローバヤで気軽にごはん

気軽にサクッとロシア料理を食べるなら、スタローバヤがオススメ。ショーケースには料理がズラリと並び、食べたいものを指差しすれば、その場で皿によそってくれる。サラダから惣菜、メイン、デザート、お茶まであるので、食事からカフェのみの利用でひと息もできる。サラダは50rub 位から、メインも100rub 位からと、値段もとってもリーズナブル。種類も多いので毎日通っても飽きのこない味。

ヴェルサイユホテルの1階にある 素敵な内装のスタローバヤ

人気ホテルの1階にあり、内装もホテル同様クラシックで、一見すると高級レストランのよう。こんな雰囲気の中、手軽にロシア料理が食べられるのは、ちょっとうれしい。大衆食堂といっても、七面鳥のローストやシャシリクまで本格的な料理が食べられるとあって昼時は行列もできるほど。食べたいものを直接オーダーするほか、朝・昼・夜のセットメニューもあるので、店頭のボードでチェックしてみて。

1 大きなチキンのローストは150rubと驚きの価格 **2** ショーケースには常時30種類の料理が並ぶ **3** 中央には大きなシャンデリア、飾り窓がオシャレな店内

Не рыдай
ニルィ・ダイ

🏠 Светланская,10　☎ 8-908-994-44-13
⏰ 8:00 ～ 22:00　休 1/1 ～ 2　カード ○
メニュー ロシア語、英語
ヴェルサイユホテル通り　MAP P124 B-3

1 バーカウンターもあるスタローバヤ **2** 常時30種類以上の料理が並ぶ **3** パン類が豊富。好きなものをお皿に取ろう **4** この料理全部で280rubと手頃な価格

ピロシキとパンの品揃えが豊富で いくつか試してみたくなる

ヴェルサイユホテルの向かいにはもうひとつの人気スタローバヤが。通りをはさんですぐなので、実際見てみて気に入った方に入ってみよう。スタローバヤ8ミヌートはウラジオストクで展開するチェーン店。ピロシキやパンの品揃えが良く、常時15種類が食べられるので、ピロシキを食べ比べしてみたい。店内にはバーカウンターもあり、アルコールも提供。料理は65rubからと手頃なので、気に入ったおつまみで一杯やるのもいいかも。

Столовая 8 минут
スタローバヤ8ミヌート ヴェルサイユ前店

🏠 Светланская,1　☎ 8-914-323-43-19
⏰ 5 ～ 10 月 8:00 ～ 23:00、11 ～ 4 月 8:00 ～ 22:00　休 なし　カード ○　メニュー ロシア語
ヴェルサイユホテル通り　MAP P124 B-3

ひときわ目立つ牛一頭のオブジェは ステーキ、肉の専門店

ヴェルサイユホテルの向かいにいる真っ赤な牛。中に入ればテーブルには斧が突き刺さり、照明を落とした店内はちょっと不思議な雰囲気。ここはアメリカの大牧場をテーマにしたステーキが名物の肉の専門店。名物はリブステーキで、アルゼンチンからリーズナブルでおいしい牛肉を仕入れている。内装のオシャレさだけじゃなく、ステーキはやわらかくて、とってもジューシー！料理のおいしさからシメのデザート、コーヒーまでお願いしたくなる、満足度が高い店。

ДЕЛО В МЯСЕ
デェロ・フ・ミャーセ

🏠 Светланская,3 ☎ 8-423-241-11-88
🕐 12:00 〜 0:00　休 なし　カード ○
メニュー 日本語あり
🎵 ヴェルサイユホテル通り　MAP P124 B-3

1 スモークしてグリルした香り高い BBQ チキン 390rub　**2** テーブルに刺さる斧はリザーブのプレート　**3** 見た目にもわかりやすいステーキ屋さん

かわいい店内で人気の ペニメニ専門店

店内はペリメニ作りの道具をあしらった内装がキュート。名物のおばあさんのペリメニを中心に、豊富なペリメニやワレニキが揃う。ペリメニは、ガーリックやタルタルなど 14 種類のディップソースで。

ЛОЖКИ ПЛОЖКИ
ローシキ・プローシキ

🏠 Светланская,7 ☎ 8-423-260-57-37　🕐 9:00 〜 0:00、土日祝 10:00 〜 0:00　休 なし　カード ○　メニュー 日本語あり
🎵 ヴェルサイユホテル通り　MAP P124 C-3

1 レンガにペリメニの道具をデザインしたポップな内装　**2**「おばあさんのペリメニ」は子牛とニンニクのミンチ　**3** ペリメニのほかボルシチなど定番ロシア料理も

大きな本屋で、
絵本とお土産探し

ヴェルサイユホテル通り、噴水通りを通るアレ
ウツカヤ通りにある小さなモールの中の書店。
小説、ロシア文化、フランス文化、地図や地
元の歴史を紹介するコーナーも。日本語の書
籍はないが、ロシアのかわいい絵本やお土産
が充実しているので、チェックしてみて。マト
リョーシカや木工玩具、ウラジオストクのカレ
ンダーも。

ВладКнига
ヴラッドクニガ

⌂Алеутская,27　☎8-423-254-21-78
🕐10:00 ～ 20:00　休なし　カード ○
♪ヴェルサイユホテル通り徒歩2分
MAP P124 C-2

1 モールの中にあるので入りやすい店内　2 マトリョーシカは
2.700rub と比較的手頃な価格　3 カラフルな木製の子供のお
もちゃは815rub

ヴェルサイユホテル前の壁の男は誰？

ヴェルサイユホテルの向かい、スベトランスカヤ通り
沿いの建物のアーチに立てかけられた、ちょっと気に
なる木製の彫刻。コートと帽子をかぶったこの紳士の
名前はマックス・オットー・フォン・スティルリッツ。
彼はロシアでは有名なスパイで、小説や映画で活躍す
る架空の人物。この彫刻は映画「春の十七の瞬間」を
イメージした作品。ウラジオストクにスティルリッツ
の彫刻が掲げられるのは、この小説の作者ジュリアン・
セメノフが、1960年代にヴェルサイユホテルに滞在
したことに由来する。その時にこの地できっと生まれ
たであろうキャラクターが、有名なスパイのスティル
リッツのはずだと信じる市民が多く、ここにスティル
リッツの彫刻が設置されたのだ。夜はライトアップさ
れて、光と影が感じられる作品に。ロシアのスパイ事
情、ちょっと気になる！

スティルリッツの像
♪ヴェルサイユホテル向かい　MAP P124 B-3

CT.9

9ストリート

アートな路地裏へ

ヴェルサイユホテル通りと噴水通りをつなぐ路地裏

賑やかな大通りを歩くのも楽しいけれど、なぜか路地裏には、路地裏ならではの魅力があって、ちょっとしたワクワク感がある。この小さい路地裏も然り。ヴェルサイユホテル通りと噴水通り間を移動するには、大通りを歩くのが一般的だけど、この道を通れば最短で行ける。でもそれだけじゃなくて、この路地裏を歩きたいのは、壁面のアートがあるから。昔ながらのレンガ造りの家屋が並び、小さな雑貨店が数軒あり、壁には画が描かれている。猫が住み着き、観光客にも撫でてくれと言わんばかりにお腹を出してくる。なんてことない通りなのだが、少し足を踏み入れたくなる通りなのだ。

1 ヴェルサイユホテル通りからの入口。9の文字と黄色く塗られたレンガが目印　**2** 宇宙飛行士が描かれた壁画
3 サーフィンとエビの壁画

ポップな壁画が気になる店は
アルパカと地元グッズの雑貨屋さん

小さな路地裏の角に目を引く壁画が。この前で写真を撮る人も多い、インスタスポットにもなっている小さな雑貨屋さん。地元のアーティストがデザインするオリジナル商品が多く、Ｔシャツやマグネット、ボトルなどウラジオストクらしいデザインの雑貨が揃う。オーナーはペルー旅行の時に出会ったアルパカのかわいさに衝撃を受け、店にはアルパカ関連のグッズもいっぱい。ここでしか買えない１点モノも多いので、散歩がてらにチェックしてみたい雑貨屋さん。

СУНДУК
スンドゥク

◇━─◆─━◇━─◆─━◇

🏠Адмирала Фокина,8а　☎8-914-332-00-65
🕐11:00 ～ 20:00、（11 ～ 2 月）11:00 ～ 19:00
🚫1/1 ～ 2　🚇9 ストリート　MAP P124 C-2

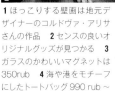

1 ほっこりする壁画は地元デザイナーのコルドヴァ・アリサさんの作品　**2** センスの良いオリジナルグッズが見つかる　**3** ガラスのかわいいマグネットは350rub　**4** 海や港をモチーフにしたトートバッグ 990 rub ～

◆━─━✦━─━◆

地元のポストカードを探すなら
種類豊富なこの書店で

ウラジオストクの地理や歴史書の出版社が経営する書店。ロシア語の専門書が多い書店だが、こちらでのお目当てはポストカード。カウンター近くにはたくさんのポストカードがファイルにまとめられ、種類はなんと 300 以上！ 価格は写真モノが 20rub から、イラスト系は 50rub からと安い。地元のアーティストによるものが多くて、しかも安いとなればついついまとめ買いしちゃう。かわいいポストカードは P107 でチェック！

НЕВЕЛЬСКОЙ
ニヴェリスコイ

◇━─◆─━◇━─◆─━◇

🏠Адмирала Фокина,10а　☎8-423-279-55-05
🕐11:00 ～ 13:00、14:00 ～ 18:00、（4 ～ 11 月）
11:00 ～ 19:00　🚫なし
🚇9 ストリート　MAP P124 C-2

1 地理や歴史書の書籍がズラリ
2 路地裏に佇むレンガの小さな書店

3 カウンター付近にはたくさんのポストカードが並ぶ。お気に入りが見つかりそう

Адмирала Фокина

噴水通りを歩く

観光客に人気ナンバー１。噴水の歩行者天国でひと休み

カラフルなショップやカフェが集まり、夏場には噴水が上がる賑やかな通りのアドミララ・フォーキナー。通称噴水通りと呼ばれ、たくさんの観光客で賑わう。道幅は広く、通りの真ん中は歩行者専用でベンチもあるので、ひと休みしながら散策できる。ブリヌイの専門店ウフ・トゥイ・ブリンや人気

カフェのファイブ・オクロックもこの通りに。カフェが多いので、のんびり散歩にぴったりなのだ。アレウツカヤ通りをスタートして噴水通りをまっすぐ歩けば、スポーツ湾までつながる。裏通りへ続くアーチや路地裏には壁画アートもあるので、どんどん歩いてみよう。

1 美しいロシア建築が続くカラフルな通り　**2** 赤のエッジが効いているオシャレな自転車はこの店の目印
3 パイプや葉巻などが揃うシガレットショップ　**4** 派手なフラッグを掲げるのはミリタリーも扱う雑貨店
5 マトリョーシカが目印の土産物店

1 淡いパステル調のピンク色の外観　2 朝8時からオープンするカフェは、噴水通りではここだけ　3 手前から時計回りに、チェリーパイ110rub、ハムとブロッコリーのキッシュ170rub、ブラウニー60rub、マフィン70rub　4 ショーケースには常時15種類以上のパンやパイがズラリ

オープンと同時に満席になる
本格的なイギリス式のカフェ

オーナーはイギリス人、母国では夕方5時にお茶を飲む習慣があることから、この名がつけられた。中に入るとイギリスの家をイメージした素敵なインテリアで、壁の中央にはエリザベス女王の絵が掲げられている。品揃えの良さ、リーズナブルな価格、ウラジオストクでは英国式カフェがここだけということもあって大人気に。メニューは日本語で写真入りなので、指差しでオーダーできるのもいい。パイやタルト、マフィンやスコーンと種類もたくさん。作り置きはせず、焼きたてが店頭に並ぶ。

Five o'clock
ファイブ・オクロック

🏠 Адмирала Фокина,6　☎ 8-908-994-55-31
🕐 (5〜10月)8:00〜21:00、(11〜4月)8:00〜20:00、土曜9:00〜、日曜11:00〜　休 なし　メニュー 日本語あり
🚶 噴水通り　MAP P124 C-2

小腹が空いたら

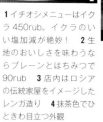

1 イチオシメニューはイクラ450rub。イクラのいい塩加減が絶妙！ **2** 生地のおいしさを味わうならプレーンとはちみつで90rub **3** 店内はロシアの伝統家屋をイメージしたレンガ造り **4** 抹茶色でひときわ目立つ外観

ウラジオストク唯一の ブリヌイ専門店

ロシア料理でブリヌイはデザートのカテゴリーで、朝食や小腹が空いた時に食べるモノ。家庭料理のブリヌイを、一躍メジャーにしたのはこのお店。2011年、ウラジオストクで唯一のブリヌイ専門店としてオープンすると、たちまち大人気に。専門店だけあって、いろんなブリヌイが食べられる。デザート系と食事系の2タイプ、メニューはなんと60種類以上も！ さらにトッピングもできる豊富な品揃えが魅力。ここのブリヌイは生地がモチモチして、食感が何というかとってもかわいい。モチッ、プニッとした少し甘みのある生地は、デザート系にも食事系にもよく合う。店に入ったら奥のカウンターへ。日本語メニューが置かれ、ここでオーダーすると席に運んでくれる。それからスタッフがイケメンだ。

Ух ты, блин
ウフ・トゥイ・ブリン

🏠Адмирала Фокина,7
☎8-423-200-32-62
営（5～10月）10:00～22:00、（11～4月）10:00～21:00
休なし　**カード** ○
メニュー 日本語あり
♪噴水通り　**MAP** P124 C-2

独創的でハイセンス
フレンドリーなオシャレカフェ

入口にある、インスタで人気の羽のようなオブジェは、羽ではなくムール貝。ここで写真を撮る人も多く、ちょっとした撮影スポットになっている。店名のミディヤとは、ロシア語でムール貝のこと。カフェメニューと軽食が中心だが、ムール貝を使った料理も食べられる。トマトやゴルゴンゾーラチーズなど5種類のムール貝の料理を用意、特に春から夏のシーズン時には、沿海州で採れたものを使用するのでオススメだ。コンセプトはフレンドリーというだけあって、スタッフがとっても親切で、フランクな接客がおもしろい。ドリンクは、わさび入りや生姜入りの抹茶ラテなど独創的。オリジナリティの高い、ウラジオストクのハイセンスなカフェを体験してみて。

Мидия
ミディヤ

🏠 Адмирала Фокина,1a
☎ 8-984-190-08-22　🕐 9:00 ～ 23:00
休 なし　カード ○　メニュー ロシア語、
英語　📖 噴水通り　MAP P124 B-2

1 ピンクをベースにした店内には、ムール貝をモチーフにしたインテリアがあちこちに　**2** 噴水通りからスポーツ湾に向かう途中にある、ひときわ目立つ一軒家カフェ　**3** 週末の夜はDJも　**4** ムール貝のトマトソース400rub、朝食の定番スイルニキと

1 旧ソ連時代のミリタリーを中心としたコーナー **2** 店にあったプーチングッズを集めてみたが、これで半分ぐらい。まだまだあるぞプーチングッズ！ **3** 伝統土産のコーナー。良心的な価格で安心 **4** 噴水通りに面しているが入口は小道を入ったところにある **5** 旧ソ連の兵士が帽子や制服に取り付けていたピンバッジなど、日本ではなかなかお目にかかれない品がたくさん

ミリタリーとプーチングッズがたくさん
看板猫がかわいい雑貨屋さん

伝統的な土産物店はいろいろあるけれど、ここは伝統土産が半分、ミリタリーグッズやアンティーク、プーチン大統領グッズが半分と、ほかの土産物店とは違うラインナップがおもしろい。伝統的な土産は、マグネットやマトリョーシカ、ウラジオストクやモスクワなどの都市がプリントされた絵皿など、ザ土産物といった品揃えで定番品が探せる。そして店の半分を占めるのが旧ソ連時代の骨董品で、バッジやコイン、懐中時計や制服までズラリ。でも店のいちばん人気は、そのどちらでもなくて、プーチングッズ。マグカップや絵皿、マトリョーシカ、Tシャツ、パーカーまでプーチン大統領がどーん。A3サイズのポスターまであって、これが観光客に大人気なのだとか。買い物中は、店の看板猫が遊んでと無邪気に絡んでくる。猫のかわいさについ毎日通ってしまう、居心地の良い不思議な雑貨店。

СУВЕНИРНАЯ ЛАВКА
スベニールナヤラフカ

🏠 Адмирала Фокина,5а
☎ 8-423-280-42-52
🕚 11:00 〜 19:00　休なし　カード ○
🚇 噴水通り　MAP P124 C-2

厳選された天然素材で作るおいしさ
オリジナルチョコレートの専門店

噴水通りに行ったなら、ぜひ寄ってほしいのがこちらのお店。ショーケースにはチョコレートが並び、好みの品を伝えて量り売りしてもらうシステム。最低グラム数はなく、個数をいえば1個からでも買えるのがいい。ここは1906年に創業、ウラジオストクで8店舗を展開する、オリジナルチョコレートの専門店。南米やアフリカなどから厳選したカカオ豆を仕入れ、さらに極東地域ならではの寒天、乾燥昆布、ウスリースクタイガのハーブなどの天然素材をブレンドしたチョコレートを作っている。香りが良く素朴なやさしい味で、何よりとってもおいしい。まずはホテルの部屋で食べる自分用おやつに購入してみて。気に入ったら贈答用の箱もあるので、大切な人のお土産にオススメ。

赤いひさしが目印。思わず入りたくなる店構え

ПРИМОРСКИЙ КОНДИТЕР
プリモールスキー カンヂーチェル

🏠Алеутская,27　☎8-423-240-67-40
🕐（10、11、4、5月）10:00 〜 20:00、（6 〜 9月）
10:00 〜 21:00、（12 〜 3月）10:00 〜 19:00
休なし　カード ○　🎵噴水通り　MAP P124 C-2

1 カラフルなグミのマルミラード。オレンジとレモンが人気　**2 4** 個装ではないチョコレートは常時20種類　**3** 個装のウエハースチョコレート。三角型の包装がかわいい　**5** ショーケースには個装やグミなどタイプ別に商品が並ぶ　**6** 化粧箱に入ったチョコレートは中身によって異なるが500rub 前後

Улица набережная

<small>ナベレジュナヤ通り</small>

スポーツ湾・海岸通りを歩く

街の中心の繁華街から徒歩5分
海水浴ができる街ナカのビーチ

噴水通りから5分でスポーツ湾へ。移転撤去が決定したがサッカーのルチ・ウラジオストクのホームスタジアムやプール、スポーツ複合施設に加え、海水浴場もあるため、スポーツ湾と呼ばれる。敷石で整備された海岸通りには、ストリートミュージシャンがいっぱい。ヴァイオリンやサックスなど本格的な演奏が聴けるのだ。ウラジオストクには8校もの国立と民間の音楽学校があり、さらに極東最高峰の国立芸術大学、極東ロシア芸術アカデミーも。そんな背景をもとに、音楽家の卵たちがストリートで演奏している。さすがはロシア、ストリートミュージシャンのレベルが違う！　広場には大きな噴水があり、夏場は人気スポットに。のんびりと散歩するのにとっても気持ちがいい場所だ。

1 スポーツ湾と海岸通り、エリアのシンボルの観覧車　**2** 海岸通りを奥に進むと、常設のスケボーの遊具が　**3** 週末にはカラフルなバスが走る　**4** 海岸通りにはミュージシャンがいっぱい。この時はチャイコフスキーが聞こえてきた。ああここはロシアだ！

1 観覧車は 150 rub。電子カードは返却するとデポジット料金 50rub を返金してくれる　2 海岸通りに面して入りやすい遊園地　3 観覧車上空からの眺め　4 開放感溢れる観覧車、日本では体験できない

スポーツ湾と街を一望できる
ちょっとしたスリルが味わえるカラフルな観覧車

海岸通りのシンボルとなっている遊園地。日本のようなジェットコースターなど派手なアトラクションはなく、ほのぼのとした雰囲気の市民の憩いの場。入場料はかからず、乗りたいものがあれば、窓口で電子カード 50rub と乗り物代を支払うシステム。遊具は 28 あり、ひとつ 100rub から。このほのぼの遊園地でぜひ乗ってみてほしいのが観覧車だ。眺めがいいのはもちろん、オススメの理由はなかなかのスリルが味わえること。観覧車には窓がなく開放感抜群。イスはあるけどドアはなく、ひょろりとしたロープが１本。風が吹くともちろん揺れる。だけど天気が良い日は視線を遮るものがなく、ちょっとしたドキドキ感と海風を感じながらの乗車は最高なのだ。

Карусель парк развлечений
カルセリ遊園地

🏠 Батарейная,1　☎ 8-423-240-04-33
🕐 10:00〜20:00、土日曜10:00〜22:00　休 なし
🎫 入場無料　♫ スポーツ湾　MAP P124 A-1

要塞博物館の下にあるチョウザメが泳ぐ小さな水族館。アムール川やバイカル湖、熱帯の生物を展示する。

Океанариум
オケアナリウム（水族館）

🏠 Батарейная,4
☎ 8-423-240-48-77
🕐 10:00〜18:00、
月曜11:00〜18:00
休 なし
🎫 400rub
♫ スポーツ湾
MAP P124 A-1

※一般的にウラジオストクで水族館といえば、ルースキー島の水族館（P72）のことを指す。

ロシア帝国、ソ連時代の要塞をそのまま博物館に

海岸通りの高台に位置する博物館。通りに面しているのに、入口は少しわかりにくい。それもそのはず、ここはロシア帝国、ソ連時代の要塞だった場所。それが目立つはずもなく、少々わかりづらくても諦めないでほしい。着工はロシア帝国時代の 1889 年、当時は木造の要塞と兵舎だった。1900 年にコンクリート化され強化。そして 1904 年に起きた日露戦争によって、さらに重要な拠点となっていく。現在の中国大連市の旅順という場所に、ロシア太平洋艦隊の根拠地を置いていたが、日本軍が旅順を制圧すると、事実上、東方の最前線はウラジオストクとなったのだ。この要塞には、大砲や砲弾のほかに、火薬庫やシェルターがあった。建物の壁にはマリア像のイコン（聖画像）が彫刻されている。ソ連崩壊の 2 年後、1993 年ロシア政府はウラジオストク防衛地域の廃止を決定、要塞は博物館へと変貌を遂げた。この博物館の見どころは、外に置かれた大砲や砲弾などの兵器で、実際に触ることもできる。砲台は港に向けられ、太平洋艦隊の沿岸防衛線が張られていたことが想像できる。建物に入ると、武器や資料が展示されている。入口には 1945 年に起こった千島列島の戦いの、ソ連軍の侵攻の記録が残されている。ウラジオストクの防衛計画書や、当時の砲弾や薬莢、機関銃など見どころがたくさん。

Владивостокская крепость
ウラジオストク要塞博物館

〓〓〓〓〓〓〓〓〓〓〓〓〓〓〓〓〓〓〓〓〓〓〓

🏠Батарейная,4a　☎8-423-240-08-96
🕐10:00 〜 17:00　休なし
💰200rub　🚇スポーツ湾　MAP P122 B-1

1 海岸通りに面しているが大きな看板はないため見落としがち。このゲートの上の高台にある　**2** 戦艦に搭載していたミサイル兵器バザルトは 550km もの飛行距離を誇った　**3** 1 分間に 130 発を連射する 76.7mm 口径の機関砲、AK － 176　**4** カラフルでポップなオブジェに見えるがこれは魚雷　**5** 車で牽引して移動できる大砲もズラリと並ぶ　**6** 要塞の壁には閉開式のマリア像が　**7** 司令本部として使用されていた建物の中には当時の武器や貴重な資料を展示

1955年型のソ連の大砲 CM24-ZIF。スポーツ湾に向かって2基並んでいる

シベリア鉄道、
始発なのか終点なのか？

ウラジオストク・ステーション

Вокзал Владивосток

ウラジオストク駅周辺を歩く

昔も今も旅行者の玄関口
シベリア鉄道から国際フェリー、空港線まで

ウラジオストク駅は、ご存知シベリア鉄道の発着駅。ロシアを東西に横断する鉄道の全長は9297km、世界一長い鉄道としても有名だ。モスクワまでは最短で7日間、その気になれば他の電車を乗りついでイギリスまで行ける。駅の隣には、空港まで乗り入れるアエロエクスプレスの駅。その裏は、国際フェリーの船着場の海の駅で、列車や船を利用する旅行客はまずはここに到着する。日本からは飛行機利用で、空港までの送迎付きが多いから、素通りしてしまうかもしれないが、ここはわざわざ出かけてみよう。レーニン像もこの周辺にあり、撮影スポットがたくさん。

ウラジオストクへ行ったなら、必ず見ておきたいシベリア鉄道！

1893 年に開業したウラジオストク駅。伊藤博文も与謝野晶子も乗ったシベリア鉄道。できれば間近で見てみたいもの。駅は鉄道に乗らなくても入場できる。荷物のX線検査をパスすれば自由に見学が可能。美しいロビーを通り右奥へ進むと、展望スペースに行けるので、オレンジ色に輝くシベリア鉄道の車体をじっくり観賞できる。

美しいウラジオストク駅の待合室

1 モスクワのヤロスラヴリ駅をモチーフとしたデザインで、ネオ・ロシア様式と言われる美しい建築 **2** 屋外の展望スペースから見るシベリア鉄道 **3** 展望スペースから駅の裏側を見る **4** 中央広場近くでもシベリア鉄道が見られる

5 アエロエクスプレスのウラジオストク駅 **6** ニコライ2世や鉄道建築家など、創業当時の写真を展示している

Вокзал Владивосток
ウラジオストク駅

住 Алеутская,2
MAP P122 C-3

49

Вокзал Владивосток
ウラジオストク・ステーション

ウラジオストク駅周辺を歩く

海の玄関口、国際フェリーの船着場

ウラジオストク駅のすぐ裏手に位置する海の駅。鳥取境港からの国際定期貨客船や、北陸地方からの中古自動車を乗せた貨物船などが寄港する国際フェリーターミナル。中に入ると巨大なマトリョーシカがお出迎え、お土産などのショップのモールになっているので、フェリーを利用しなくても気軽に立ち寄れる。モールを抜けると、船が目の前に停泊。巨大な国際船を見ながらデッキを散歩していると、少し遠くには軍艦も見えて、民間の船の華やかさと軍艦のコントラストがおもしろい。

2 巨大なマトリョーシカ。夏場は中が開いてマトリョーシカショップになる **3** ウラジオストク駅の線路を挟んだすぐ後ろに位置

Морской Вокзал
海の駅

🏠 Нижнепортовая,1
☎ 8-423-249-73-53 🕙 10:00 ~ 17:00
🚃 ウラジオストク駅から徒歩1分
MAP P122 C-3

1 ポストカードは23rubから **2** 記念スタンプは13個、押し放題のサービス **3** アンティークの切手やコインがズラリ **3** 第二次世界大戦時の戦勝の武器シリーズの切手。YK-3、PE-2などの当時の戦闘機の絵柄

切手とポストカードが安くて豊富な品揃え
お宝も見つかるはず

切手やハガキを製造しているメーカーの直営店。郵便局で販売を終了したものも一堂に揃うので、郵便局より品揃えが良く、同じ価格で購入できるのがうれしい。ほかにもロシア太平洋艦隊の武器の切手や、プーチン大統領と北朝鮮の金正日氏との会談の記念切手など、日本ではなかなか手に入らないレアな商品も。コインのいちばん古いものは16世紀のものからあり、古銭や切手マニアなら、まずはここに直行したい。お宝が見つかるかもしれないショップだ。

Марка
マルカ

🏠 Нижнепортовая,1,145в
☎ 8-495-687-43-02 🕙 10:00 ~ 19:00、日曜
10:00 ~ 17:00 🈺月曜休み カード ○
🚃 ウラジオストク駅から徒歩1分 MAP P122 C-3

アルセーニエフが晩年暮らした家

サンクトペテルブルク出身でロシアを代表する冒険家、作家のウラジミール・アルセーニエフが生前暮らした最後の家。1929 年に入居して亡くなったのは翌年。ロシアでアルセーニエフの邸宅の中で残っているのはここだけ。先住民との交流を描いた「ウスリー紀行」や、数々の冒険の経験を生かして沿海州の地図を製作、人工衛星が導入されるまでこの地図を使用していたこともあり、ロシアの伊能忠敬とも呼ばれる。アルセーニエフ死去後も夫人と娘はこの家で暮らし、その様子を保存している。

Дом путешественника Арсеньева
探検家アルセーニエフの家
❦❧❦❧❦❧❦❧❦❧❦❧❦❧❦❧❦❧❦❧❦❧

🏠Арсеньева,7б
☎8-423-241-03-63　🕙10:00 ～ 19:00　💰200rub
🚇ウラジオストク駅から徒歩 12 分　MAP P122 B-3

1 アルセーニエフが使用していた書斎　**2** 当時は最新鋭の機器だったタイプライター　**3** ダイニングには、お湯を沸かすサモワールやスープボトルが残る　**4** ダイニングスペースに置かれたスピーカーは日本の領事から送られたもの　**5** ロシアの伝統的なレンガ造りの外観

СВЕТЛАНСКАЯ ②
スベトランスカヤ通り②

中央広場～グム百貨店を歩く

ウラジオストクのメインストリート

本書では沿海州行政府庁舎から先のスベトランスカヤ通り
をスベトランスカヤ通り②として紹介する。前に紹介した
ヴェルサイユホテル通りもこの通りだが、見た目にもここか
ら先が道幅が広い大通りになるので、分けて考えると効率
よく観光できる。ウラジオストク市民のメインストリートは
スベトランスカヤ通り。中央広場や沿海州行政府庁舎、グ
ム百貨店などがある大通りで、たくさんの市バスもここを通
る。国立サーカスや金角湾大橋もこの道から。中央広場の
正式名称は「ソ連樹立英雄戦士の広場」といい、広場の中
央には1961年に建てられた、ソ連樹立英雄戦士のモニュメ
ントがある。沿海州行政府庁舎ビルは高く、遠くから見ても
目立つので、ランドマークとしてすぐ覚えられる。博物館か
らグム百貨店へ向かう方面は、ずっと緩やかに続く上り坂。
途中に金角湾などに寄りながら、のんびりと散策しよう。

1 右手奥に見えるのは現在建設中のロ
シア正教の教会　**2** 夜の灯りも素敵な
絵になる通り

Площадь Борцов за власть Советов
中央広場（ソ連樹立英雄戦士の広場）

◆◇◆◇◆◇◆◇◆◇◆◇◆◇◆◇◆◇◆◇◆◇

MAP P125 D-3

1 2 モニュメントは、3つの記念碑から成る

いろんなイベントを開催する中央広場

この辺りでいちばん高いビル、沿海州行政府庁舎の隣の大きな広場。ここにはソ連樹立英雄戦士の銅像が置かれた革命戦士広場。ロシア革命が起きた 1917 年から、ソ連が発足する 1922 年までの間に、政権樹立のために活躍した戦士の像で、1961 年にモスクワの彫刻家アレクセイ・テネタが制作した。この大きな広場を利用して、ここではさまざまなイベントが開催される。特に 4 〜 11 月までの週末には、食料品をメインとした市場が開かれ、地元の人や観光客など朝から多くの人で賑わう。魚やカニ、野菜や果物が多いが、中には個装された沿海州産のはちみつやオイルなどもあるので、チェックしてみよう。

週末は市場へ

3 土日には市場になり、およそ 100 店舗が出店する。活気があって店もたくさんあるので、歩いているだけで楽しい　**4** 沿海州で採れるエビやカニなどが量り売りで買える　**5** ドライフルーツの店は市場ではよく見かける　**6** 冷凍モノの魚を扱う店も多い

グム百貨店

1

ザラ

2

ドラッグストア チュドデイ

3

老舗の百貨店の建物は
沿海州の文化遺産

ウラジオストクではじめての石造りの建物は設立135年、沿海州の文化遺産にも指定されている。長年百貨店として営業していたが、2012年に新館ができると、テナントの商業施設に。スペインのファッションブランドZARAが入り、ここはウラジオ女子のステータスショップだ。ほかにも1階には、カフェや品揃えの良いドラッグストアがあり観光客に人気。特に買い物しなくてもぜひ中へ。アンティークなエレベーター、石階段の窓枠の装飾、古代ドイツ文学の登場人物の彫像が美しく、素晴らしい建築美が楽しめる。また百貨店裏の倉庫群は、グム・オールド・コートヤードとして再開発され、人気のエリアに。

Большой гум
グム百貨店

🏠Светланская,35
☎8-423-222-20-54
🕙10:00 〜 20:00　休なし
🚶中央広場から徒歩5分
MAP P125 E-3

ЗАРА
ザラ

☎8-423-265-86-17
🕙10:00 〜 21:00
休なし
カード ○

Чудодей
ドラッグストア・チュドデイ

☎8-423-226-54-89
🕙10:00 〜 21:00
休なし
カード ○

1 ドイツ人の建築家ゲオルグ・ユングヘンデルがデザインし、ウラジオストクで最も美しいと称賛された見事な建築　**2** 1階から4階までZARAが入る　**3** 観光客に大人気なドラッグストアのチュドデイ。ロシア産コスメが安く手に入る

ギャラリースタジオを併設する
オシャレなカフェ

グム百貨店からもグム裏のレンガの通りからも入れるカフェ。広い店内は2スペースに分かれ、絵画教室とギャラリーを併設。壁にも絵画が掛けられるなど、アート色の強いオシャレな空間だ。こちらはコーヒーなどのカフェメニューと手作りスイーツが評判。いちばん人気は大きくてカラフルなブーピーパイ、それからチーズケーキもおいしい。コーヒーはドリップ式とマシーンと両方あって、特に濃いめのコーヒーで作るカプチーノラテがオススメ。

Кофеин
カフェイン

住Светланская,33　☎8-984-229-78-08
営8:30 ～ 22:30、土日祝 10:00 ～ 22:30
休なし　カード○
メニューロシア語、英語
中央広場から徒歩5分　MAP P125 E-3

1 レンガの壁がホッと落ち着く　**2** オーダーはカウンターで　**3** グム裏からも入れる　**4** ラズベリーとイチゴのブーピーパイは230rub
5 6 カフェは2スペース。好きな方でくつろごう

グム裏

Старый Дворик ГУМа

昼も夜も映える路地裏

かつてはグム百貨店の中庭で、レンガの倉庫街だった場所を再開発。2016年からカフェやショップ、ギャラリーなどのグム・オールド・コートヤードという商業施設としてオープン。通称グム裏と呼ばれ、小さな路地裏には開港時代のレトロなオブジェが置かれ、人気の撮影スポットになっている。

願い事が
叶うかも!?

グム・オールド・コートヤードの中心には、カモメを頭に乗せた人型のオブジェが置かれている。これは願い事が叶うと言われるポスト。オブジェの後ろにある紙に願い事を書き、ボーダーの人物の胸の小さな扉を開けて入れると、願い事が叶うというシステム。これは近くにある雑貨店ビューロ ナホードカの作品で、2016年に作られたもの。街の賑やかしになればと設置されたものだけど、せっかくの旅だもの、浮かれてやってみるのも楽しいはず！ MAP P125 D-3

Старый Дворик ГУМа

СВЕТЛАНСКАЯ ②

スベトランスカヤ通り②

中央広場〜グム百貨店を歩く

センスの良いウラジオ土産を
探すなら

グム・オールド・コートヤード３号館の３階に
ある雑貨店。オーナー夫妻は２人共デザイナー
で、今までにない雑貨店を作りたいとオープン。
カラフルなノートやハンドメイドトイ、レトロロ
シアのインテリアなど商品の85％がオリジナル
で、ほかでは見ないグッズがズラリ。店の中央
にあるブランコ、ソファーではピンクやブルー
の色鮮やかなコーヒーが飲める。ここに来れば
なんかおもしろいものがありそうだと思わせる、
楽しい雑貨店だ。

1 オリジナルのハンドメイドトイ。ヘタウマの絵のよう
なかわいさ　**2** カウンターやソファーもあってお茶もで
きる　**3** ロシアの昔の牛乳パックに似せた小物入れ

бюро находок

ビューロ　ナホーダク

住 Светланская,33,2этаж
☎ 8-495-961-43-95　営 11:00 〜 20:00
休 1/1　カード ○
中央広場から徒歩５分
MAP P125 E-3

4 カラフルなドリンクの正体は、なんとミルクコーヒー
200rub　**5** 港をイメージした青い壁の内装　**6** いちばん人
気はノート。楽しいデザインで190rub から

58

1日500個売る
大人気のエクレア専門店

グム裏の小さなエクレアの専門店。そのエクレアのキュートな見た目に韓国旅行者から火がつき、今やウラジオストクを代表するデザートに。パティシエが作るエクレアは25種類でひとつ170rubから。夏場は行列もできる人気店で、日によっては夕方5時位には商品がなくなってしまうことも。人気の理由は見た目のかわいさだけじゃなくて、とってもおいしいこと。フルーツやチョコレートをふんだんに使った贅沢なエクレアなのだ。4つのテーブルの小さな店なので、テイクアウトして、ホテルで食べるのがオススメ。

1

人気ナンバー1は
フルーツたっぷり系
エクレア

甘すぎなくって
おいし～!!

イチゴ
(300rub)

中はストロベリークリームがたっぷり、上にはフレッシュイチゴとメレンゲで軽い食感。

ナポレオン
(220rub)

4

ロシアで人気のナポレオンケーキ味。中のクリームはバタークリームで、ボリューム感のある味わい

2

3

1 軽い口当たりでいくつもいけそうなエクレア　**2** 朝8時半からオープン。早朝には全種類のエクレアが揃う　**3** レンガの多いグム裏の中で、目立つ白い外観　**4** ベリー系5種類が入ったビタミンたっぷりのベリーティー250rub

Вспышка
フスビシュカ

🏠Светланская,33
☎8-423-208-07-98
🕐8:30～20:00　休なし　カード○
メニューロシア語、英語
🎵中央広場から徒歩5分
MAP P125 E-3

<ruby>Бухта Золотой Рог<rt>ブーフタ・ザラトーイ・ローク</rt></ruby>

金角湾を歩く

正午の大砲には多くの観光客が集まる。この日は
交流事業で訪問中の韓国海軍が停泊していた

軍港ウラジオストクを感じられる場所

スベトランスカヤ通りを海側へ下ると金角湾に到
着。港には大きな軍艦が停泊、海上の軍艦からは
毎日正午に大砲が撃たれる。港の前には、ロシア太
平洋艦隊の本部があり、その隣には第二次世界大
戦で実際に使用されたC-56潜水艦がある。この一
帯は、永遠の炎と呼ばれる火が灯され、第二次世

界大戦の慰霊碑の広場となっている。ウラジオスト
クにはたくさんの要塞がありその跡が残るが、この
周辺は特に、ウラジオストクが現役の軍港であるこ
とをはっきりと認識させられる。とはいえ、潜水艦
の中は博物館になっており、軍港をクルーズする遊
覧船もあるという、観光スポットの一面もある。

共産主義のシンボル赤い星がつけられた魚雷発射管。すぐ隣には就寝用のベッドが。魚雷のすぐそばで寝るとは、なかなか想像できない

いざ潜水艦の中へ！

金角湾を歩くと、すぐに見つかる緑色の潜水艦。全長は約78m、実際に近くで見てみるとその大きさに驚く。入艦前に真正面から見てみると、幅がとても狭い。いちばん広いところで6.4m、この中で兵器を積みながら、実務や生活スペースを確保するとは、中は一体どうなっているんだろう。ディーゼル・エレクトリックエンジン方式のC-56潜水艦は1941年に稼働、第二次世界大戦で計8回の戦闘実績があり、1954年に現役を引退。戦勝30周年を記念した1975年に、この場所に設置された。内部を博物館にするため、船首部分を切断し展示スペースに。そ

の奥が実際の潜水艦部分だ。中には潜望鏡や魚雷をそのまま残したつくり。内部はまっすぐに歩けない。浸水を防止するための隔離壁の扉があって、隣の部屋に移動するにも高い扉をまたいで行くことになる。簡易ベッドのすぐ隣には魚雷が設置されている。究極に無駄を省いた設計が印象的だ。日本ではなかなか見ることが難しい、潜水艦の内部。貴重な経験ができる。

1 ロシア語でС−56と表記するが、日本語ではＳ−56が正しい表記。潜水艦の後ろに見えるのが、ロシア太平洋艦隊の本部　**2** 潜水艦内部を移動するには、このようにまたがなくてはならない

Подводная лодка С-56
S-56 潜水艦

🏛 Корабельная наб　☎ 8-423-221-67-57
🕘 9:00〜20:00　休なし　💴 100rub
🚶 中央広場から徒歩7分　MAP P125 F-4

1

2

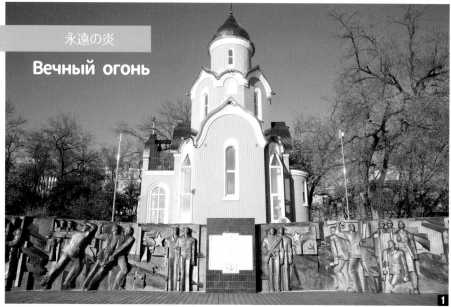

永遠の炎
Вечный огонь

1

永遠の平和を誓う炎の広場

C-56潜水艦のすぐ隣は、第二次世界大戦に関わるモニュメントの広場になっている。左右には大きく1941と1945の数字。この数字は第二次世界大戦中のソ連が、ドイツ、イタリア、日本などの枢軸国と戦った年を指し、1941年はソ連が参戦した年、1945年は終戦の年のこと。戦いはソ連の勝利に終わるが、第二次世界大戦で亡くなったハバロフスクとウラジオストク出身の兵士は約3万名に上った。これを悼み戦没者の名前を刻んだ慰霊碑と、祖国平和を願うシンボルとして、消えることのない永遠の炎を設立。この炎を見守るように、第二次世界大戦で戦った兵士の彫刻が置かれる。

Вечный огонь
永遠の炎

🏠 Корабельная наб
🚢 金角湾 C-56 潜水艦からすぐ　　MAP P125 F-4

戦没者慰霊「永遠の炎」

3

1 永遠の炎の広場。ソ連兵士を描いた大きな彫刻がある　**2** プレートには CCCP（ソ連の国名の頭文字）の文字。祖国のために戦った兵士の彫刻　**3** 戦没者を悼む永遠の炎　**4** この広場のすぐ上に佇むアンドレイ教会

4

ロシア帝国の最後の皇帝ニコライ2世が皇太子時代に、ウラジオストクを訪問したことを記念して造られた凱旋門。ロシア様式の美しい門だが、ソ連時代になると解体された。2003年に地元の実業家によって再建。設計図が残っておらず、古い写真を元に復元された。

Триумфальная арка цесаревича Николая
ニコライ2世凱旋門

❖〜〜〜〜〜〜〜〜〜〜〜〜〜❖

🏠 Петра Великого,2　🚶中央広場から徒歩7分
MAP P125 F-4

1 日露戦争から6年後の1911年に日本の大阪から購入した38型大砲　2 1945年ナチスドイツに勝利した時のポスター。文字は「勝利！」と書いてある　3 ロシア太平洋艦隊の旗とソ連の英雄、パニカハとビルコフの銅像

日露戦争から第二次界大戦までを記す博物館

1903年に建てられ、当初はシベリア艦隊の住居、ソ連時代には太平洋艦隊が居住した。1997年に軍事歴史博物館となった。中に入ると事項ごとの部屋に分けられ、日露戦争から第二次世界大戦までの武器や資料を展示する。外には実際に使用した兵器が置かれ、大阪で作られた大砲や、イギリスから購入した大砲などが見られるのも興味深い。

Музей Тихоокеанского флота
太平洋艦隊博物館

❖〜〜〜〜〜〜〜〜〜〜〜〜〜❖

🏠 Светланская,66
☎ 8-423-222-51-70
🕙 10:00〜17:30　休月火曜
💰 100rub　🚶中央広場から徒歩15分
MAP P123 E-2

Бухта Золотой Рог

プーフタ・ザラトーイ・ローク

金角湾を歩く

遊覧船で海から軍港を眺めてみる

C-56潜水艦の前にある遊覧クルーズ乗り場。夏場はウラジ
オストクの2つの橋を巡る橋のコース、岬めぐり、夜景を
楽しむナイトクルーズなど、11時から19時まで1日8便
が運行する。所要時間は橋のコースが1時間、そのほかは
2時間で、オススメはいろいろな場所が見られる2時間コー
ス。冬季は1日3便。出航はその時の天気によるので、現
地で要チェック。出航するとすぐに軍艦が迫り、その大き
さに圧倒される。街の方を眺めてみると、ウラジオストク
が坂の街だということがよくわかる。湾のエリアを出ると
豊かな沿海州の自然が感じられ、海上にはたくさんの海鳥
が飛び交い、ここが天然の良港だと言われるのに納得。軍
港の雰囲気と沿海州の自然がいちどに味わえる遊覧クルー
ズ。これは楽しい！

Морские экскурсии
金角湾海上遊覧船

🏠 Нижнепортовая,1a　☎ 8-904-629-95-90
🕐 毎日11～19時まで約1時間おきに出発
💰 1hコース800rub～、2hコース1,200rub～
休 なし　🚶中央広場から徒歩7分　MAP P125 F-4

1 4 出航して1分、軍艦のすぐ近く
を通っていく　**2** 金角湾大橋を船上
から見る　**3** 遊覧船の外観。船内は、
外の風を感じるデッキ、室内ともに
イスがある

ブーシキンスカヤ通り

Пушкинская

プーシキン通りを歩く

アレクサンドル・プーシキン。
ロシア文学に多大な影響を与
え、その作品はオペラや演劇
などで繰り返し上演される

美しい建物を眺めながらケーブルカーで展望台へ

大通りを離れ、海を背にして少し上ると、あたりは美しい建物が続
く閑静な通りに。プーシキン劇場や旧東洋学院、鷹ノ巣展望台への
近道の小さなケーブルカーがある。街並みを散策しながら、金角湾
を眺めるというお散歩コースだ。通りの名前の人物、プーシキンは
ロシアで最も有名な詩人で作家。モスクワの空港名にもなっている。
ロシア近代文章語の基礎を築き、ロシア文学を確立したとも言われ、
ドストエフスキーやトルストイにも影響を与えた作家。多くの尊敬
を受け教科書にも登場するプーシキンの名は、ロシアで広く使われ
ており、この劇場もそのひとつ。秋冬を中心にクラシック音楽と演
劇を上演する、現役の劇場。公演開催時はチケットがないと中に入
れないが、外から建物を眺めるだけでもその美しさに魅了される。

Пушкинский театр
プーシキン劇場

🏠 Пушкинская,27　☎ 8-423-222-98-50　🗓 イベントの開催時のみ
🚍 中央広場から徒歩20分、バス31、49、90番ほか、ラゾストリート
（ул, Лазо）バス停下車徒歩5分　 MAP P123 E-2

1 1908年に建てられたアールヌーボーとゴシックを合わせた様式　**2** 政治色が強い民衆の代弁者だったため、政府から
コーカサスへ追放される。最期は妻ナタリアを巡り、決闘の末に死亡するというまるで小説のような人生だった　**3** 開業
当時のジャズオーケストラの写真　**4** レトロな床のタイル　**5** 劇場前の待合ホールには、夫婦の肖像画が入ったピアノが
置かれる　**6** 座席数413の中規模の劇場。創立当初はロシア帝国の役人の集会場だったため、華美な装飾は少ない

開校時はたった31人の超エリート校

1899年ロシア政府が設立。名前から日本人学校を想像するが、ロシア人のための4年制の高等教育機関で、外国語を話せる人材の育成が目的。英語、中国語、日本語など6カ国語を教え、講師には日本人もいた。

現在は極東連邦大学となり中には入れないが、外から見るだけでも十分美しい伝統的なロシアのレンガ造り

Восточный Институт
旧東洋学院（極東連邦大学）

🏠Пушкинская,10　🚶中央広場から徒歩20分、バス31、49、90番ほか、ラゾストリート（ул，Лазо）バス停下車徒歩5分　**MAP** P123 E-2

公園で休憩しながら写真撮影

聖人タチアナのロシア正教の教会。ロシアでは学生たちが聖タチアナの日を祝うことが伝統になっている。この教会は2000年に学生たちが中心となって建てられたもの。ピンクの外観がかわいらしく、撮影スポットになっている。

1公園内に佇むピンクの教会　**2**礼拝の時を知らせる鐘

Храм-часовня Святой мученицы Татьяны
聖タチアナ教会

🏠Пушкинская,29б　🚶中央広場から徒歩22分、バス31、49、90番ほか、ドフグトゥ（ДВГТУ）バス停下車徒歩5分　**MAP** P123 E-2

荘厳なゴシック建築のドイツの教会

プーシキン通りを下り、スベトランスカヤ通りに面した美しい教会。1909年に創建、ウラジオストクで最も古い教会と言われる。ソ連時代に入ると教会は閉鎖、太平洋艦隊の海軍歴史博物館だったことも。その後1997年に復興した。ここは観光客でも中に入ることができる。ステンドグラスやシャンデリアの内部は息を呑む美しさだ。

Евангелическо-лютеранская церковь Святого Павла
聖パウロルーテル教会

🏠Пушкинская,14　🚶中央広場から徒歩25分、バス31、49、90番ほか、ドフグトゥ（ДВГТУ）バス停下車徒歩1分　**MAP** P123 E-2

1中に入るとこの時はバッハが流れ、素敵！と心の中で叫んだ　**2**レンガはドイツから運ばれたもの。ロシア正教の教会の上部には玉ねぎのようなクーポルを乗せるが、ドイツの建物の屋根は鋭く尖り銅を纏う

金角湾を一望する展望台

プーキシン通りを堪能したら、ケーブルカーに乗って展望台へ。バスでも行けるけど、このルートで行くのが楽しい。駅を降りたら道路をくぐり、歩道橋を渡って少し上ると展望台に到着。看板はないが、駅から展望台は見えているので、迷うことはない。ここにはカフェも売店もなく、観光地化された場所ではないが、とにかく眺めが美しい。金角湾大橋と金角湾がいちどに見渡せる、絶好のロケーションなのだ。昼間は青空に映える景色を、夕方には海に沈む夕焼けが楽しめる。

1 展望台にはキリル文字の原型であるグレゴル文字を考案したギリシア人宣教師キュリロスと兄メトディオスの像が建つ　**2** ケーブルカーを降りたらすぐ見える展望台　**3** 金角湾と街並みが一望できる

ВИДОВАЯ ПЛОЩАДКА <ОРЛИНОЕ ГНЕЗДО>
鷹ノ巣展望台

🕐24時間　🚡ケーブルカー下車徒歩5分または、バス15、16ts、29dでフニクリョル（Фуникулёр）バス停下車徒歩5分　MAP P123 D-2

両方面から同時に出発して、中央ですれ違う単線

トラのかわいいミニケーブルカー

ウラジオストク市のシンボルはトラ。そのトラが描かれたミニケーブルカー。距離は180mと短いが、意外と楽しい。7、8分ごとに運行するので、時間を気にせず乗れる。車内で料金を支払い、所要時間はわずか90秒。すぐ着く。

ФУНИКУЛЁР
ケーブルカー

🏠Пушкинская,29　📞8-423-222-51-02　🕐7:00～20:00　💴片道20rub　🚶中央広場から徒歩20分、バス31、49、90番ほか、ラゾストリート（ул,Лазо）バス停下車徒歩7分　MAP P123 E-2

РАЗВЛЕЧЕНИЯ

ロシアで見たい本場のエンタメ！

本場のサーカスに感動！

いちどは見たいロシアの芸術的なステージ

2014年のソチオリンピックの開幕式での、バレエやクラシック音楽を堂々と奏でた構成は記憶に新しい。チャイコフスキーやラフマニノフなどの偉大な作曲家を生んだ芸術大国。ロシアに行ったら見てみたいもの、バレエにオペラにオーケストラ、それにやっぱりサーカスも

と、あげてみたらキリがない。ウラジオストクは、ストリートミュージシャンがヴァイオリンを奏でる街。国立の音楽大学があり、マリインスキー沿海州劇場やホール、ジャズバーなど活躍の場も多い。せっかくならチケットを手配してじっくりと見てみたい。

[01] サーカスが見たい！

ロシアで見るボリショイサーカス

日本でもおなじみのボリショイサーカス。ボリショイとはロシア語で「大きい」という意味で、直訳すると大サーカス団となる。特定のサーカス団を指すのではなく、日本に来たサーカス団のすべてに、この名称が使われている。ロシアのサーカスは国立のサーカス団で各地に存在する。ここウラジオストクにも1885年に誕生したサーカス団があって、中心地からも近い。ウラジオストク国立サーカス専用の会場は、2000人収容の大ホールだ。ロシア各地からサーカス団が訪れ、さまざまなプログラムが見られる。今回見たプログラムの目玉は、馬に乗りながら空中アクロバットをする曲芸。会場に入ると、ファミリーを中心に満席。演目は約2時間、途中休憩を挟みながらたっぷりと見られる。会場にはピエロの格好をしたスタッフがドリンクやお菓子を売っている。球場で見る売り子のようだ。ピエロの曲芸、猿やクマ、空中ブランコなど楽しい演目が続く。そしてこの日いちばん驚いたのは、猫の曲芸だ。ボールのキャッチから始まり、綱渡りや縄跳びを披露する猫たち。ええっ、猫が？と驚いていると、最後はハワイのファイヤーダンスで使う炎の棒を持って、仰向けで回し始めたのだ。これにはびっくり！ 気まぐれでおなじみの猫がこんなにしっかり芸をするとは！ うちの駄猫とは大違いだ。そして目玉の馬上での曲芸は、美しい女性たちが高速で回る馬の上でアクロバットな動きを見せる圧巻の演技。いやあ、これは素晴らしい。本場のサーカスはやっぱりすごい。演目は常に各地のサーカス団が披露するので、行くたびに新しいサーカスが見られる。値段は600〜2,000rubとその時のサーカス団や演目によって異なる。チケットはオンラインで予約できるが、すべてロシア語なので、旅行会社経由での手配がオススメ。

Владивостокский цирк
ウラジオストク国立サーカス

✉Светланская,103　☎8-423-222-82-52　営上演開催時のみ　🚌バス 31、49、90番ほか、ツィルク（Цирк）バス停下車すぐ　MAP P123 E-2

02 人形劇が見たい！

ロシア語がわからなくても、なんとなく楽しい

週末の土日に開催する人形劇場。沿海州の自治文化機関で、極東で最も古い人形劇だ。ニコライ2世凱旋門のすぐ隣にあって、華やかな門と同様に鮮やかな黄色の洋館。この建物は1921年に建てられ、当初は映画館だった。1939年に沿海地方の行政が人形劇専用劇場としてオープン。古くから子供に親しまれてきた。劇場内は美しく、小さなオペラハウスのよう。上演時間は40分、この日の演目は「おバカなネズミの物語」。言葉は

わからなくても、アクションと踊りで、なんとなく理解できる。日本だったら人形を中心に人は極力隠れそうなものだが、人がガンガンに前に出てきて、隠れる気はゼロ！ とにかく明るくノリノリなステージなのだ。このように演者も楽しく踊るものから、オートマタのような本格的なからくり人形を使ったシリアスな演目まで幅広い公演がある。チケットは現地販売のみなので、直接足を運ぶか旅行代理店から申し込む。

Приморский краєвой театр кукол
人形劇場

〜〜〜〜〜〜〜〜〜〜〜

🏠 Петра Великого,8
☎ 8-423-222-13-44
🕐 基本的に土日の12時から
　　1公演
🚶 中央広場から徒歩7分
MAP P125 F-4

03 バレエが見たい！

世界三大バレエのマリインスキー・バレエを見る！

ロシアに行ったら本場のバレエが見たい。マリインスキー・バレエは、サンクトペテルブルクに拠点を持つが、2016年に支部を創設。ウラジオストクでも見られるようになった。ハイテク建築の劇場は、ロビー全面をガラスで覆い、7階まで吹き抜ける開放感のあるつくり。地下2階から地上6階までの巨大なホールに、座席数は1356席とゆったりした配置。せっかくロシアに来たのだから、バレエやオペラを見てみたい。この日の演目は白鳥の湖。第1章からおなじみのフレーズが入り、気持ちもワクワク。本場で見る演舞は素晴らしいの一言。少しオシャレをして、バレエ鑑賞に出かけてみよう。チケットは、日本からHPで予約もできる。

Приморская сцена Государственного академического Мариинского театра
マリインスキー沿海州劇場

〰〰〰〰〰〰〰〰〰〰〰〰〰

🏠Фастовская,20 　☎8-423-240-60-60
🕐イベント開催時のみ入館可　🚌バス15番チアトル・オペリ・イ・バレタ（Театр оперы и балета）バス停下車徒歩3分　MAP P123 D-4

океанариум
水族館で一日遊ぶ

まるで博物館とテーマパークを融合させたよう。ロシア最大級の水族館がすごい！

2016年にオープンしたルースキー島にある水族館。プーチン大統領、安倍総理大臣、当時の韓国の朴大統領も訪れた、ロシア最大級で世界一の規模と言われている水族館。ここへ行くにはまずルースキー島へ。バスで45分、2つの大きな橋を渡り、自然豊かな島を眺めながら終点へ。専用バスに乗り換えようやく到着。ここの水族館はほかとは違う。エントランスから、もうテーマパークのようなのだ。入場すると、大きなクジラがお出迎え。テーマごとに部屋が分けられ、最初の部屋に行くためのエスカレーターは、まるで宇宙へ旅立つかのような演出。

生命の進化からマイクロワールド、アムール川やバイカル湖の生物など9つの部屋に分けられて、生命の誕生から深海までを壮大なストーリー性を持って展示している。展示もテーマパークのように楽しく、細かい解説や魚の種類も多く、とにかく盛りだくさん。ロシアの寒い海を想像していると、突然現れる熱帯雨林の森林たち。部屋に入るごとにガラリと内容が変わっていく楽しさ。上野の国立科学博物館や恐竜展などが好きな人は、まず間違いなくハマるはず。夏場のシーズン時にはイルカショーも開催。ゆっくり時間をとって行きたい水族館だ。

1 海洋生命の進化のコーナーにある大迫力の古代の魚　2 ギリシャ神話の海神ポセイドンが乗る、タツノオトシゴの馬車の巨大オブジェ　3 海底トンネルではどんな魚が通るかお楽しみ

波のような屋根が特徴的な外観

Приморский океанариум
沿海州水族館

住 о. Русский, ул. Академика Касьянова, д.25
☎ 8-423-223-94-22　営 10:00 ～ 20:00
最終入館は 18:15 まで　休 月水曜休み
料 1,000rub、イルカショー付きチケット
1,200rub（入場料込み）交 バス 15 番終点
プリモルスキーオケアナリウム（Примор
ский океанариум）バス停まで約45分、
下車徒歩 5 分、水族館シャトルバスで 3 分
MAP P126 B-2

右／エントランス前の石山には、サーモンやタラ バガニなど沿海州の巨大な魚たちがお出迎え

エントランス前

左／入場すると今度は巨大なクジラの集団と、CGで作られたクジラの生態を紹介するビデオが

エントランスホール

右／海洋生命の進化のコーナー。宇宙の成り立ちから説明する細かさ。映像もとってもキレイ

海洋生命の進化

左／長い水のトンネルの上にはサメやエイが泳ぐ。床には歩くエスカレーターが設置されている

海のトンネル

右／本物の木がたくさん植えられ、植物園のようなつくり。突如極寒の極東から熱帯へワープ

熱帯雨林

旧妹尾商店、堀江商店、太田商店

日本の軌跡を辿る

ロシアの港湾都市・ウラジオストクも、他の都市と同じように、19世紀〜20世紀にかけて激動の時代を過ごしてきた。そしてここには日本人の足跡が残っている。かつてウラジオストクには日本人街があった。ただ、時代によってその意味合いは大きく異なる。大きく分けて3度の変化が、この港街だけでも見られるのだ。

ひとつめは、ウラジオストク開港の時代。日本では長崎、下田、函館の3港が開かれており、長崎港からウラジオストクへも行き来ができた。渡航した日本人は洗濯屋、旅館、家政婦などのお手伝い、写真館、雑貨商などの商売をはじめた。当時の建物は今も残っており、市内散策をしながら見て回ることができる。日露戦争後は、銀行や商船会社などが開業し、浦塩日報という日本語新聞も発行され、日本人の存在感が強まる。日本人の在留登録者は約5000人を数えた。

ふたつめの時代は、ロシア革命の頃。第一次世界大戦の末期、連合国はシベリア出兵を決行。日本からは73000人の兵士がシベリアに上陸する。この時、ウラジオストクには大規模な日本人街が形成されていたという。日露戦争後からここに至るまで、ゆっくりと成長していた日本人コミュニティだったが、シベリア撤退を機に縮小していった。

最後は、第二次世界大戦終戦後。ソ連に抑留された日本人は約57万人。ソ連各地に送られ、さまざまな場所で労働に従事した。ここウラジオストクもそうした場所のひとつだ。サッカーチーム、ルーチ・エネルギヤの本拠地ディナモ・スタジアムは日本人抑留者によって建てられたもの。また、多くの集合住宅も同様で、ガイドブックなどにはけして載ることのない、日本人の手によって建てられた名もない建造物が街の至るところにある。

今、街を歩いていると気がつくのは、中古の日本車の多さだ。走っている車の約9割が日本車。ロシアの道路は右側通行。左ハンドルの車のほうが勝手が良さそうなものだが、右ハンドルの日本車がウラジオストクの道路を埋めている。日本車は性能の良さから人気が高く、北海道や北陸からの中古車の運送ルートが確立されているため、こうした景色になっている。

時代によって変化した日本の軌跡を見つけながらする街歩きも、また楽しい。

与謝野晶子記念碑

旧日本総領事館

旧日本人小学校

浦潮本願寺跡

Рестораны

ウラジオごはん

今日は何食べよう
おいしいレストランへ

たくさんのハーブや香辛料を使うグルジア料理。串焼きの
ムツヴァディ 300rub。いちどハマったらやめられない複
雑なスパイスのおいしさ

大きめのソファーでゆっくり食事ができる

街いちばんの人気レストランは
魅惑のスパイスのグルジア（ジョージア）料理

スポーツ湾で毎日行列の大人気のスプラ。ソ連時代、連邦の構成国だったジョージアは、ロシアではグルジアと呼ばれる。予約が取れない１号店だが、沿海州の海をテーマにした２号店のスプラ メオレは予約可能。この店は楽しい！ 人気なのにはワケがある。受付には、ドリンクやフルーツが。これは待ち時間に自由に食べてOK。内装やスタッフのコスチュームも民芸調でかわいい。オープン

キッチンで活気があって、スタッフもテキパキ。名物は、とろけるチーズが入ったハチャプリと大きな水餃子のようなヒンカリ、そして串焼きのシャシリク。グルジア料理はクミンやパクチー、カイエンペッパーなどの複雑なミックススパイスで味付けられるが、このスパイス、いちど食べたらもう止まらないのだ。うますぎる！ 滞在中何度でも行きたくなるやみつきの味、ぜひ体験してほしい！

1 2 受付カウンターでは待ち時間も楽しい仕掛けが **3** 活気のあるオープンキッチン **4** スパイスたっぷりの肉と野菜のオーブン焼き 200rub

5 中心部からは少し離れる。金角湾大橋を渡ってレストランへ

Cупра Меоре
スプラ メオレ

〽〰〰〰〰〰〰〰〰〰〰〰〰

🏠 Харьковская,8
☎ 8-423-227-77-22
🕐 12:00〜0:00　休なし　カード ○
メニュー ロシア語、英語
🚌 バス 13k プクツ（Пкдц）バス停下車 徒歩３分　MAP P123 E-4

100年前のレシピで作る
伝統的なロシア料理

オープンは1988年、観光客に人気の老舗ロシア料理店。ボルシチやビーフストロガノフなど伝統的なロシア料理とヨーロッパ料理、沿海州の新鮮な魚介類が食べられる。食材のほとんどにロシア産を使用するというこだわりも。野菜はオーガニックの農園と契約、魚介類は漁師から直接仕入れ、調味料も添加物は使わない。ロシアの伝統的な料理を味わってほしいと、家庭に伝わる100年前のレシピで作る、正統派ロシア料理が食べられる店なのだ。ワインの品揃えも豊富で、ロシアをはじめジョージアやフランスなど常時50種類を用意。絵画が掛けられて高級感が漂う素敵な雰囲気の中、正統派ロシア料理を楽しむなら、まずはこの店へ。

Ресторан Ностальгия
ノスタルギーヤ

🏠Морская1-я,6/25
☎8-423-241-05-13 🕐9:00～23:00 休なし
カード ○ メニュー日本語あり ⚓ウラジオストク
駅から徒歩8分 MAP P122 B-2、P124 B-4

1 名物料理のビーフストロガノフは590rub、白インゲンとプルーンのボルシチ260rub **2** 塩漬けの大鮃のヴィネグレットサラダ390rub **3 4** 中は2つの部屋があり、奥はテーブルクロスが敷かれた高級感漂うスペース。手前の部屋は照明を落としたムーディーな雰囲気

明るく伝統的な民芸調の
ロシア料理店

ロシア民謡が流れ、カラフルなステンドグラス、ロシア正教の屋根をイメージした柱などロシア民族文化のエッセンスがいっぱいで、とにかく楽しくなるお店。メニューのQコードをスマホで読み取れば、写真付きの日本語メニューが見られるので便利。豊富なメニューは前菜からデザートまで、加えてペリメニにブリヌイとたくさん。料理はどれもおいしけれど、オススメはウラジオストク風ポテト。焼いたジャガイモにイクラをたっぷり乗せた料理で、シンプルながら絶妙な塩味が抜群。また、ピロシキはパイタイプで、レバーペーストやリンゴなどが詰まったレストラン仕様。特別に発注しているロシア産ワインは、グラスで250rubからと手頃な価格なので、ぜひお試しを。

Гусь Карась
グス・カラス

🏠 Батарейная,3а
☎ 8-423-299-68-88　🕐 12:00 ～ 0:00　休なし
カード ○　メニュー日本語あり
🚃 スポーツ湾から徒歩5分　MAP P124 B-1

1 カルセリ遊園地裏の壁沿いの2階にある　**2** カラフルな民芸調のインテリア　**3** ロシア風ロールキャベツは120rubと手頃な価格。ソリャンカ、オクローシカスープは各320rub　**4** スープは9種類とたくさん。これは夏用のスープのオクローシカ

週末は生演奏を楽しみながら
ロシア料理を

スベトランスカヤ通りの沿海州行政府庁舎の向かい、地下へ降りるとレトロで雰囲気の良いレストランが。船を模したカウンターとたくさんの人が描かれた壁画が、独特のムードを醸し出している。これは1900年代のウラジオストクの様子を描いたもので、まるで古い港町にいるような雰囲気なのだ。お店のオススメはイクラのブリヌイ、シャシリク、オリヴィエサラダ。私のオススメはチキン版カツレツのキエフ風カツ。やわらかくてジューシーで衣のサクサク感がたまらない。また、こちらのボルシチは一般的なさらりとしたスープではなく、シチューのように濃厚。うまい！　そしてぜひ食べてほしいのが、新鮮なベリーのタルタルというデザート。濃厚クリームとフルーツが絶妙で、感動のおいしさなのだ。

1 ウクライナの郷土料理キエフ風カツは500rub。カツレツのチキン版で、中のバターが溶け出しておいしい　**2** 新鮮なベリーのタルタルデザートは350rub。コッテージチーズとロシア原産のベリーや、季節のフルーツを入れたケーキ。日本のコンビニで売ったらブームが起こりそう

Порто Франко
ポルトフランコ

❀❀❀❀❀❀❀❀❀❀❀❀❀❀❀❀❀❀

住 Светланская,13
☎ 8-423-241-42-68
営 12:00 〜 0:00 **休** なし
カード ○
メニュー 写真付き英語
♫ 中央広場から徒歩3分
MAP P124 C-3

3 濃厚なボルシチ350rubを食べるならこの店へ　**4** クリーミーなポテトは80rub　**5** オーナーはゴーリキー劇場で活躍していた元役者さん　**6** 金、土曜日の20時からは、ジャズやクラシックなどの生演奏が聴ける

ペリメニカフェの
パイオニアでひと休み

ロシアの家庭料理のひとつ、小さな水餃子のよう
なペリメニ。もともとは家族や友人などが集う時
に作ったものだが、そのペリメニを専門店として
展開させたのがこのお店。田舎の家をモチーフに
した店内は、黄色をベースにたくさんの皿をディ
スプレイしたオシャレな空間。食事系、デザート
系のペリメニとワレニキは15種類、いちばん人
気は牛と豚のミンチ。続いて真っ黒なイカ入りが
ランクイン。卓上のセットには塩胡椒が置かれて
いるが、スメタナやアジアンなどのトッピングソー
スもあるので、味変してみても楽しい。ほかにも
スラヤンカというピロシキのようなパンや、具だ
くさんのピロギというパイもあるので、ランチや
ちょっと小腹が空いた時にぴったり。

ПЕЛЬМЕНИ ПИРОГИ
ペリメニピロギ

🏠Алеутская,43
☎8-423-208-05-50　🕐9:00～20:00　休なし
カード○　メニューロシア語、英語、中国語
🚶噴水通りから徒歩7分　MAP P124 C-1

1 リンゴのスラヤンカとミンチ肉のピロギ　**2** 散
歩の合間に寄りたいかわいいカフェ　**3** 手前から
時計回りに牛と豚のミンチ、ベリー＆コッテー
ジチーズ、イカ入り。ペリメニは270rubから
中身によっていろいろ　**4** トッピングソースはひ
とつ30rub

やっぱりカニでしょ！

海に面した
シーフードレストラン

海が見える素敵なレストランで食事がしたい。そんな時は迷わずここへ。海に沈む夕日が見られる絶好のロケーションだ。タラバガニを注文すると、バットに入れられた生きたカニが登場、これで良いかとの確認だ。調理は約40分、味が抜けないよう蒸し上げる。その間は沿海州の名産品、紅鮭やエビなどをワインとともに楽しむ。いよいよカニがやってきた。食べてみると味が濃い！ 生のカニのおいしさは衝撃的だ。ぜひ味わってほしい。これはうまい！

ПЯТЫЙ ОКЕАН
ピャーティー オケアン

住 Батарейная,2в　☎ 8-423-243-34-25
営（10〜3月）12:00〜23:00、
（4〜9月）12:00〜0:00
休なし　カード ○　メニュー 日本語あり
♪ スポーツ湾　MAP P122 B-1

1 カニはキロ単位で計算。採れ高などで料金は変動するが、この日 1kg2,100rub　**2** 灯台のかわいい外観
3 カニの確認　**4** 紅鮭のルイベ

5 海に面し窓が大きく取られた内観　**6** クリームソースの真鯛のフライとエビ

リーズナブルに楽しめる
魚介とワイン

パクロフスキー教会の前にあるスタイリッシュな海鮮料理店。いちばん人気は、生でいただくホタテとカキ。驚くのはその値段。ホタテは大中小とサイズがあり、小はひとつ119rubという価格。食べてみると鮮度が高いのがわかる。それは生きたものを調理しているから。海鮮に厳しい日本人は、海外で魚介類を生で食べるのは不安な面もあるが、そんな厳しい目だからこそわかる、この生きの良さ。壁一面にストックされた豊富なワインと一緒にどうぞ。

Виноваты Звёзды
ヴィノヴァーティ ズビョーズディ

≋≋≋≋≋≋≋≋≋≋≋≋≋≋≋≋≋≋≋≋≋≋≋≋

🏠Октябрьская,14　☎8-423-280-66-96
🕐12:00 ～ 0:00、金土曜 12:00 ～ 2:00
🈺なし　カード ○　メニュー ロシア語、英語
🚶噴水通りから徒歩20分、バス 15、23 ほか、コマロバストリート（ул.Комарова）バス停下車徒歩1分　MAP P122 C-1

1 カニは 1kg で 1,990rub。また生きている　**2** 大鮃のステーキ、海鮮パスタ。丸いのはグジェリという料理で、シューの中にカニやサーモンなどのクリームを入れたもの　**3** 肉厚のホタテ、写真は大でひとつ229rub　**4 5** 広くオシャレな店内

ウズベク人シェフが作る
純ハラルのウズベキスタン料理

ソ連時代の構成国だったウズベキスタンとロシアは、現在でも深い交流があり、ウラジオストクで働くウズベク人も多い。こちらはロシア人にもウズベク人にも人気で、アドラス柄のカーテンやクロスで、ウズベキスタンさながらのムードが漂う。いちばん人気はウズベキスタンの国民食のプロフで、油で炒めた米をたくさんの具材とともに炊き込んだピラフのようなもの。また、中央アジアやトルコなどで広く食べられるうどんのようなラグマンも人気。料理はすべてハラルで、豚肉やアルコールはない。スタッフは全員ウズベク人で、現地そのままの味が楽しめる。オススメは仔牛のショルパというスープ。ステーキになりそうな大きな肉が入った塩味のスープで、とってもおいしい。

Чайхана Азия Микс
チャイハナ アジアミックス

住Октябрьская,12
☎8-994-004-57-79
🕐9:00～23:00 休なし
カード○
メニュー写真付きロシア語
🚌バス16k、54aでシェペトコバストリート（ул.Шепеткова）バス停下車徒歩3分
MAP P122 C-1

1 作り置きしない出来立ての味はやっぱりうまい！ プロフは220rub **2** 仔牛のケバブは1本100rubとリーズナブル **3** 大きな肉にこれだけでお腹いっぱいになりそうな仔牛のショルパは220rub

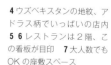

4 ウズベキスタンの地紋、アドラス柄でいっぱいの店内 **5 6** レストランは2階、この看板が目印 **7** 大人数でもOKの座敷スペース

ブリヤート共和国って知ってる？

ロシア連邦の共和国のひとつ、ブリヤート共和国。モンゴルの北に位置し、遊牧のモンゴル系の民族だ。羊を中心に肉料理がおいしく、モンゴル料理に近い味わい。名物は小籠包のようなブジー。中は牛や羊などのひき肉が詰まって、肉汁がたっぷりでおいしい。特にオススメなのはブリヤート風の焼肉プレート。ジュージューという音とものすごい煙を立ててやってくる熱々の鉄板。スパイスの効いたパンチのある味は絶品で、毎日でも食べたくなる味。

Белая Юрта
ベーラヤ ユルタ

住 Океанский проспект,5
☎ 8-423-222-80-16
営 11:00 ～ 22:00　休 なし
カード ○
メニュー 写真付きロシア語
♪ 中央広場から徒歩 5 分
MAP P125 D-3

1 シンプルな食堂 **2** ブリヤート風の焼肉 500rub **3** ブリヤートの紅茶は最初からミルク入り **4** 人気料理のラグメン 250rub **5** 名物料理のブジー。ちょっと大きめの小籠包のよう

スパイスと天然の甘みがおいしいアゼルバイジャン料理

スポーツ湾の海岸通り沿いにある、雰囲気の良いレストラン。ソ連時代の構成共和国だったアゼルバイジャンは、トルコや中央アジア、ロシアの文化が混じり多彩な料理が楽しめる。プロフやシャシリク、スープなどの料理は羊がメインで、ハーブやスパイス使いがうまい。プロフにはアプリコットやレーズンが入り、フルーツの自然の甘みがおいしい。店内はアゼルバイジャンの民家をイメージしたというオリエンタルなデザインで、ゆったりと食事ができる。

1 ホロホロでやわらかいマトンのスープは 435rub、羊のプロフは 380rub **2** カルセリ遊園地のすぐ近くの海沿いにあるレストラン

Zeytun
ツァイトゥン

住 батарейная,3
☎ 8-423-279-08-50　営 11:00 ～ 0:00　休 なし
カード ○　メニュー 写真付きロシア語
♪ スポーツ湾　MAP P124 A-1

北朝鮮料理のレストランに
行ってみる

北朝鮮と国境を接しているロシアは、朝鮮時代から交流があり、ウラジオストクにも北朝鮮のレストランがいくつかある。スタッフの撮影がNGだったので写真はないが、平壌出身のスタッフは全員美人。赤い制服が北朝鮮らしくていい感じなのだ。こちらは本場の味が楽しめると評判の店。北朝鮮に行ったことがないのでわからないが、ソウルで食べる北朝鮮料理とはまた違う、少し素朴でやさしい味付け。北朝鮮風の冷麺は縁が切れることを嫌い、ハサミで切らずそのまま提供される。ソウルで食べる平壌冷麺はしっかりとした歯ごたえがあるが、こちらの冷麺はとてもやわらかい。ロシアにある北朝鮮のレストラン、ちょっと気になる！

1 入口には朝鮮王朝時代の守門将を思わせる像が　**2** 北朝鮮の金剛山が描かれた店内

Пхєньян
北朝鮮料理レストラン平壌

🏠Верхнепортовая,68в　☎8-423-296-44-58　🕐12:00～0:00　休なし
カード △使用できない場合も　メニュー写真付き日本語あり
🚌バス59、60番ほか、カザンスキー・フラム（Казанский храм）バス停下車徒歩1分　MAP P122 A-4

3 名物はユッケ500rubと冷麺510rub　**4** めずらしい北朝鮮産の大同江ビール830rub、平壌焼酎1,200rub～。値段は高いが日本ではなかなか味わえないので試してみたい

ポップでカラフルなバーで
水タバコを

名前の印象からちょっとドキドキしてしまうが、ここは正当な水タバコが吸えるバー。ロシアではカリヤンといい、ウラジオストクでもじわじわと人気上昇中、吸える店も増えている。フレーバーは 21 種類、洋ナシやマンゴー、チェリー、ミントなどから選べる。こちらは料理も充実していて、バーガーやピザ、肉料理、パスタに寿司までと豊富。半個室のソファーの部屋で、ゆっくりとくつろげる。

1 水タバコは 1,000rub から。フレーバーによって価格が異なる **2** 部屋ごとにデザインが違うカラフルな半個室 **3** ひときわ目立つ外観。店は 2 階

Hookah Club Opium
フーカ クラブ アヘン

〰〰〰〰〰〰〰〰〰〰〰〰〰

🏠Светланская,21a
☎8-423-208-01-63
🕐24 時間 休なし カード ○
📋メニューロシア語、英語
🎵中央広場から徒歩 5 分
MAP P125 D-3

食事のあとにバーはいかが

バー通りで一杯！

現地の旅行会社「ウラジオ .com」
宮本智さんに聞く
ウラジオストクのバー事情

バー文化の中心がヴェルサイユホテルから噴水通りにかけてのエリア。ヴェルサイユホテルから坂を下って右に見えるのがビールバー「ALEUT」。世界各地のビールを赤レンガに囲まれながら楽しめる。サッカー中継を見ながらの一杯もオススメ。その隣はカクテルバー「Moon shine」。バーテンダーの背には各種ボトルが並び、モダンロフト調な店内で地元の若者がカクテルを楽しむ。ペニシリンというウイスキーベースではちみつとレモンを加えたカクテルはウラジオストク名物。さらに行くと地元出身国際的ロックバンドのメンバーが運営する「ムミー・トローリ」。週末に ROCK などのバンド演奏もある。お酒と音楽を一緒に楽しみたい方にオススメ。

ドレスや正装などでバーを楽しむ地元の男女をよく目にするが、旅行者は特に気にしなくても大丈夫。このエリアのバーはどこも英語メニューがあり、店員さんもわかりやすい英語でやさしく対応してくるので安心

ボルシチ作りに挑戦！

本場の味を家でも再現したい

レシピはたくさん出ているけど、レストランの味を家で再び味わいたい。そんな希望が叶う、人気レストランのシェフが教えてくれる体験コース。

1

1 本日の講師は隠れ家レストランとして人気のクヴァルチラ 30 のシェフのお二人　**2** こんなに本格的なボルシチが作れた！

2

やってみるととっても
楽しいボルシチ作り

ボルシチ作りを体験！ ホテルで待ち合わせしてレストランへ。所要時間は約 2 時間半、通訳付きのプランで言葉の問題もなく安心して楽しめる。ボルシチは材料を切るところから完成までのすべてを体験。自分で作るから味はどうかという心配は無用。シェフが完全にサポートしてくれるので、レストランと同じ味のボルシチが作れるのだ。

少人数レッスンで
現役シェフから秘伝の味を伝授

材料はお店ですべて揃え済み。ビーツやハーブのディルなどはじめて触るものばかり。これで2人前の量。ジャガイモにニンジン、キャベツなど野菜がたくさん。ボルシチってこんなにたくさん入ってたっけ？

ガイドさんから手渡されたレシピの紙には、日本語で手順が書いてある。これを見ながら作るので安心だ。さらにシェフが解説してくれるので、質問もできるし、楽しくなってきた

ロシアの包丁は少しカーブがついていて、なかなか野菜がうまく切れない。そんな時にもシェフがフォロー。惚れてまうやろ。野菜を切ったらフライパンで野菜ごとに炒める。なぜ別々に炒めるかは、実際体験してみて

野菜を炒めたら、ブイヨンスープを入れて煮込む。このブイヨンは店で使用するたくさんの野菜や肉を時間をかけて作ったもの。だから出来上がりは絶対においしい。日本での代用も教えてくれる

できあがり

出来上がったら熱々のスープを実食！自分で作ったということもあって、おいしさも格別。コースには沿海州のサーモンやイクラなどの前菜のプレート付き。これがまたうまい！ 体験が終わったらゆっくり食事ができる、大満足のコースなのだ

真っ赤なビーツで伝統スープボルシチ作り

ルート／集合場所→レストラン→現地解散
送迎／徒歩　言語／日本語の補助付き
費用／16,800円〜（2名で申し込みの1名の費用）
予約受付　JATMコンシェルジュデスク RTB　mail／rtbinfo@jatm.co.jp
ツアー催行日より14日を切った場合はウラジオ.comへ
mail／urajio.com@gmail.com

ペリメニ作りに挑戦！

生地作りからはじめる
ペリメニ作り

ロシアの伝統料理のペリメニ。こ
れが家で作れたら相当カッコイ
イ！ ここはいろいろなスクールが
入る文化教室。教えてくれるのは、
食のプロのターニャ先生。食品製
造に関わる勉強をしたエキスパー
トで、作り方だけじゃなく、ロシ
アの食文化や食べ方、組み合わせ
も教えてくれるのだ。やさしくて
明るいターニャ先生は、はじめて
会うのになんだか親しみがあって、
ロシアのご家庭にお邪魔したよう
な気分に。ペリメニ作り、とって
も楽しい！

所要時間
2時間～
2時間半

はじめてのペリメニ作り

まずは生地から。小麦粉とバターなど材料を入れて練り上げる。これがなかなか難しい。蕎麦の菊練りのような技術が必要で、コツを親切に教えてくれる

材料 生地と中身の材料。今日は3種類のペリメニ、ワレニキに挑戦

練った生地を寝かせる。これをしないとモチっとしたおいしい食感にならないとか。その間に、中に入れる具材作りを開始。こちらも材料を切るところからはじめる完全なる手作り

打ち粉をふりながら、寝かした生地を伸ばしていく。これはうまくできる

ひとつの大きさになるように、生地に穴を開けていく。特別な器具は使わず、ちょうどいいお茶碗を使うところも、何か好感が持てる

成形したペリメニを茹でる。具材により調理時間が異なるので、2つの鍋で茹でていく。この状態になったら完成。いよいよ実食だ！

ここがいちばん大変な具材を包む段階。皮を手に取り具材を入れて、ペリメニの形に成形していく。先生の手際の良さにびっくり

完成

肉、キャベツ、コッテージチーズの3種類が完成

ロシア風餃子ペリメニ作り

ルート／集合場所→レストラン→現地解散
送迎／徒歩　言語／日本語の補助付き
費用／16,800円〜（2名で申し込みの1名の費用）
予約受付　JATM コンシェルジュデスク RTB　mail／rtbinfo@jatm.co.jp
ツアー催行日より14日を切った場合はウラジオ.comへ
mail／urajio.com@gmail.com

今日の朝食はフランスパンと
カボチャのスープ

意外なことだが、ウラジオストクでフランスパンが食べられるように
なったのは、わりと最近のこと。2014年にオープン、当時ウラジオス
トクにはフランス技法のパンがなかったこともあり人気店に。現在は
市内に10店舗を展開している、本格的なフランスのパンが味わえるカ
フェだ。伝統的なフランスの製法で作り、沿海州産のチーズやバター
を使うなど、厳選した材料にこだわりを見せる。いちばん人気はクロ
ワッサン、続いてバケット。おいしいパンが食べたくなったら、こち
らのカフェへ。店内はとってもかわいくて、散歩の途中にも寄りたい。
たくさんのフランス技法のパンのほかに、カラフルなエクレアも多数あ
るので、ちょっとしたお茶にも使えるカフェなのだ。

1 店内に入ると焼きたてパンの良い
香りが **2** レンガ造りの暖かみのあ
る店内

3 クルトン添えカボチャのクリームスープ 230rub
4 クロワッサンのセット 230rub

Пекарня Мишеля
ベーカルニャ ミッシェラ 映画館前店

🏠 Светланская,4
☎ 8-423-252-20-01
🕒 9:00 ～ 23:00　休なし
カード ○　メニュー日本語あり
🎵 ヴェルサイユホテル通りから徒歩2分
MAP P124 B-2

金角湾付近での朝食や
ランチにオススメ

人気の大衆食堂のスタローバヤ
8 ミヌートの、スベトランスカヤ
通りにある地下の店。ここは昼
時になると大行列。安くておい
しいと評判なのだ。オススメは
豚肉のグリル。200g で 155rub
とリーズナブルなのに、お肉はと
てもやわらかくておいしい！　続
いてマッシュポテトも絶妙な塩
加減で美味！　どれも安くてお
いしいので、ついついたくさん
食べてしまう、毎日通いたい店。

1 チキンのカツレツと蕎麦の実。スープも熱々
でおいしい　**2** オレンジをベースにした明るい
店内　**3** これがオススメのマッシュポテト。う
ますぎ注意報　**4** ヴェルサイユ前店同様、ピロ
シキやパンの品揃えが良い

Столовая 8 минут
スタローバヤ 8 ミヌート スベトランスカヤ通り店

🏠 Светланская,56　☎ 8-914-323-43-19　🕐 8:00 ～ 23:00
休なし　カード○　メニューロシア語
🚶中央広場から徒歩 15 分　MAP P123 D-2

Let's TRY!

ロシア語でオーダーしてみる
レストランでよく使うロシア語。ワンフレーズ話せれば
コミュニケーションがとれてより楽しい

Добро пожаловать.　いらっしゃいませ
ダブロ パジャラヴァーティ

Вас сколько?　何名ですか
ヴァス スコールカ?

Один человек　1名です
アジーン チェラヴェク

Нас двое　2名です
ナス ドゥヴォエ
　→ 3名です трое　4名です четверо
　　　トゥロエ　　　チトヴェロ

Можно меню?　メニューを見せて下さい
モージュナ ミニュー

У вас есть меню на японском?
ウ ヴァース イェスチ メニュー ナ イポーンスカム
日本語のメニューはありますか

У вас есть меню на английском?
ウ ヴァス イェスティ ミニュー ナアヌグリースカム
英語のメニューはありますか

Это, пожалуйста.　これをください
エータ バジャールスタ

Что вы посоветуете?
シュトー ブイ バーサヴィエトウイエティ
お勧めは何ですか

Вкусно!　おいしい！
フクースナ！

Счёт, пожалуйста　会計をお願いします
ショート バジャールスタ

Спасибо, до свидания!
スパシーバ ダ スビダーニャ
ありがとう　さようなら

猫ちゃん天国
ウラジオストク

すぐに足にすり寄ってくるのはなぜ？
ウラジオストクの猫ちゃん事情

ロシア人は猫が好き。ドイツのダリア・リサーチ社の調べによると、猫を飼う国の調査を世界52カ国で行ったところ、1位はロシアで59％と、世界一の猫好き国に。ちなみに日本は16％で48位。ウラジオストクではどうか。街を歩くとショップには看板猫がいて、お土産を見ていると遊んでと寄ってくる。商品の上にもどんと陣取り、ちょっと動かそうものなら、あ？ と睨まれる。そしてどいてくれない。こんな小さなかわいい出来事によく遭遇するのだ。雑貨店ならまだわかる。しかし飲食店にも看板猫がいる。そこが暖かければ食べ物のすぐ近くでもお構いなしだ。日本では衛生上考えられないけど、みんな全く気にしていない。そしていちばん驚くのは、美術館や博物館でも猫を飼っていること。アルセーニエフ博物館の看板猫マーシャちゃんは、いつもセキュリティゲートの上で寝ている。そこが暖かいことを知っている。ある日の夜、ガラス張り

の博物館前を歩いていたら、文化的価値のある渤海の遺跡の上で寝ているのを見てびっくり。いいのか。博物館のスタッフに聞いてみたら「よく作品に触るけど、今まで大きな損害はなかったし、別にいいんじゃない」と言うので、またびっくり。プーシキン劇場でも受付の中に、猫のごはんセットがあったので聞いてみると、「今館内をお散歩中」と言う。ここにもいた。ウラジオストクは坂の街で階段も多い。階段下のデッドスペースには結構な確率で猫小屋が作られていて、時間になると近所の人が餌付けをする。日本では餌付けが悪いニュースとして伝えられることがあるけど、こちらでは地域住民が、全力で猫をかわいがるのだ。この意識や取り組みは注目されていて、日本のNHKが取材に来たことも。だから猫側も人間を怖がることはなく、私たち観光客にも、ど〜んとお腹を見せてくるのだ。たまらん。

街ではよく猫に遭遇する。猫だけ面倒を見るのかと観察していたら、犬もよくかわいがられている。本屋さんで猫の本を見せてと頼むと、たくさんの本を出してくれる。絵本や小説にもよく登場。ロシアで猫を飼うのは、冬になると氷点下になる気候や、ペット禁止などの規制が住宅にないことも関係している

ローカルな市場と
ここだけの路面電車

キタイスキー市場

カラフルで思わず写真を撮りたくなる果物店

食料品や衣料品、雑貨店などが集う、ウラジオストクでいちばん大きな市場だ。
チョコレートなどのお菓子や、タオルや文房具まであるので、お土産探しをする
のも楽しい。天気が良い日には周辺にも露店が現れ、辺り一帯は賑やかに。

量り売りのドライフルーツ

沿海州で採れる魚介類

たくさんの種類がある鮭

Китайский рынок Спортивная

キタイスキー市場

住 Фадеева,1в　営 10:00 ～ 19:00 頃　休 基本的になし、店舗によって異なる
バス 54 番ほか、スポルティヴナヤストリート（ул. Спортивная）バス停
下車すぐ　MAP P123 F-3

ローカルな路面電車で移動する
2つの市場

毎日開催している常設の庶民的な2つの市場。キタイスキー市場とルガバヤ市場は、中心部から約5km、バスで30分ほど。この辺りまで来ると街の様子は、中心部の雰囲気とは全く違う。キタイスキーとはロシア語で「中国の」という意味で、ここは中華系の市場。といってもアジアで見る中華街のような感じではなく、ロシアのローカルな雰囲気が楽しめる。中心部から市バスの54番に乗ると、キタイスキー市場の目の前に止まるので、ここからスタート。路面電車の小さな線路を渡れば市場の入口だ。ゲート内には衣料品が山積みで、奥に進めば、雑貨や果物、野菜、肉、魚などの食料品からファストフード店までといろいろ。ひと通り散策したら次は隣のルガバヤ市場へ。歩いても7、8分で到着するが、せっかくなら周辺をぐるりと走る路面電車に乗ってみたい。路面電車で一駅、ルガバヤ市場に到着。キタイスキーよりこぢんまりとしていて、周辺にはショッピングモールもあるので、あわせて回ってみるのも楽しい。

この市場のつくりはおもしろい。前面をガラス張りにして商品が外から見られるようにした、ロシアでよく見られるカラフルな店がズラリ。奥に行くとコンテナが並び、これは全部ショップなのだ。アジアの市場とは全く異なるつくりに、歩いているだけでも楽しい。

ルガバヤ市場

Рынок Луговая
ルガバヤ市場

🏠 Луговая,22　🕒 9:00～19:00頃
🚫 基本的になし、店舗によって異なる
🚋 キタイスキー市場から徒歩8分
MAP P123 F-3

よく見るとショップはコンテナでできている。大きな冷蔵庫みたいだ

Владивостокский трамвай
路面電車（ウラジオストク市電）

路面電車

🎫 乗車1回 16rub

かつてはいくつかの路面電車が走っていたが、現在はこの路線のみ。5.5kmを走り料金は一律で、16rubを車内で係に支払う。レトロで乗り心地はよくないのに、とてもかわいくて何度も乗りたくなるから不思議。車掌は女性が多く、ロシアのお母さんが運転する。

Hotel

近年人気の高まりに比べて、ホテルの絶対数が少ないことが課題と言われるウラジオストク。夏のシーズンには、韓国や中国を中心に多くの人が訪れるので、特にこの時期の予約は早めにした方がベター。ほかの観光地ではよく見かける、ハイアットやヒルトンなどの高級ホテルはなく、世界的なホテルチェーンは韓国のロッテホテルのみ。金角湾を渡ると建設中のハイアットがあるが、工事が中断されている。観光客の利用が多いのは、ソ連時代に建設された中級からやや高級のホテル。また最近人気なのは、クラシックホテル。昔の洋館をリノベーションした小さなホテルも登場して女性人気も高い。数が少ないことからか、全体的に宿泊料金は高め。リーズナブルな価格で泊まるならホステルもいい。ほかにも安く泊まれる民泊のようなアパートメントもあるが、現地でロシア語のやり取りが必要なので難易度が高い。ホステル以上の宿では、英語が通じる。

ウラジオストクは歩いて回れるスポットが多いので、どのホテルもアクセスに難はないが、できれば中心地に宿泊したい。そうすればどこに行くにも便利で、効率よく観光できる。

ホテルのチェックインには、パスポートと出入国カード、電子ビザの紙が必要。入国時に税関で渡される出入国カードは紛失すると宿泊できないので、出国するまでパスポートと一緒に保管しよう。

チップ制度は原則ないので注意。ベッドメイクや荷物を運んでもらった時なども気にしなくてOK。ウラジオストクでは室内は禁煙。ホテルの部屋で吸うと2,000〜15,000rubの罰金が請求されるので注意したい。

Hostel
ホステル

部屋数は10から20部屋位の小さな宿で女性や若者に人気。部屋は、ドミトリータイプと個室がある。基本は共同のトイレとバスを使用するが、個室にはトイレ、バス付きの部屋もある。宿泊料金はドミトリーで700rub位から、個室は2,000〜3,000rub位。部屋ごとにデザインを変えるなど、オシャレでかわいいホステルが増えている。

Intermediate
中級

観光客の利用がいちばん多いのが、中級からやや高級のホテルで、プリモリエホテル、ジェムチュジナホテルがこのクラス。フロントは24時間、レストランやショップなど必要なものはすべてあり快適に過ごせる。部屋数は40〜100と大型ホテルの規模。料金は5,000〜7,000rub位で、ウラジオストク駅や海岸通り周辺の便利な立地にある。

Classic
クラシック

シティホテルではなく、ロシアの伝統的な建築のホテル。ヴェルサイユホテルのような大型のホテルから、最近では古い洋館をリノベーションした小規模なかわいい宿も増えている。せっかく色彩が美しいウラジオストクへ来たなら、そんな雰囲気の宿に泊まりたいと女性人気が高い。料金は5,000〜10,000rub位が目安。

High class
高級

ウラジオストクでは世界的なホテルチェーンはロッテホテルのみ。2012年のAPECにあわせて建設されたハイアットは建設中に中止となり長く放置されていたが、2019年に買手が現れ、今後は大型ホテルが開業に向けて計画中というニュースも。日本からの観光客も急増中なので、注目したい。

いちどは泊まってみたい
ピンクのクラシックホテル

滞在中何度も通るこの通りのシンボル、ヴェルサイユホテル。1909年に創業、ソ連時代に国の所有となったが、1991年にリニューアルオープン。100年以上の歴史のある建物は、フランスのゴシック建築でとても美しい。いちどウラジオストクを訪れた人は、次はここに泊まりたいと思った人も多いはず。全室にバスタブがあり、朝食会場は人気のスタローバヤ。ホテルスタッフはアットホームで親切で、日本人にも大人気のホテル。

Отель Версаль
ヴェルサイユホテル

❀❀❀❀❀❀❀❀❀❀❀❀❀❀❀❀❀

🏠 Светланская,10　☎ 8-423-226-42-01
[IN] 14:00　[Out] 12:00　[Room] 全48室
🍴 シングル 5,000rub 〜、ツイン 6,000rub 〜、
　　リュクス 10,300rub 〜（すべて朝食付き）
🚇 ヴェルサイユホテル通り　[MAP] P124 B-3

1 ピンクと白の美しい建築で、ひときわ目を引く　**2 3** いちばん広いスーパーリュクスは 60㎡でリビングとベッドルームの2部屋　**4** シャンデリアとステンドグラスが美しいロビー　**5** エントランスの前で写真を撮る人も多い

唯一の国際ブランド、5つ星の高級ホテル

以前は現代（ヒュンダイ）ホテルだったが2018年にロッテホテルとしてオープン。ヨーロッパ料理と韓国料理のレストランがあり、花屋やジュエリー、ネイルショップも備える、ウラジオストクで唯一の5つ星の最高級ホテルだ。特に地下にあるフィットネスセンターには、プールやジムに加えて、サウナと大浴場があり、宿泊者は通常料金の半額で利用できる。ゲスト利用はプールが1,200rub、サウナは1,400rubと宿泊しなくても利用が可能だ。市内のホテルはシャワールームが多い中で、客室のほとんどにバスタブがあるのもいい。坂道の散策や冬に大浴場やバスタブでリフレッシュできるのも、日本人に人気の理由のひとつだ。部屋は5つのスイートルームと、デラックス、スーペリアのタイプから選べる。最上階のレストランバーからは、金角湾が一望できてムードも抜群。

1 ロイヤルスイートルームは50㎡と広々。RC 28,000rub 〜 **2** 韓国料理レストランのヘキィムガング。本場の味が楽しめる **3** スーペリアルームはダブルとツインを用意 **4 6** ゆったり大きなバスタブ付きのJr.リュックスルーム。タイプは同じでも部屋によってデザインが異なる **5** Jr.リュックスルーム RC24,000rub 〜。部屋に仕切りがなく開放感のあるつくり **7** 2階のカフェランデブー。朝食もここで **8** ホテルの前は急坂。高層階からは海が一望できる

Лотте Отель Владивосток
ロッテホテル ウラジオストク

住 Семеновская, 29　☎ 8-423-240-72-05
IN 13:00　Out 12:00　Room 全153室
送迎 空港送迎あり（HPから申し込み 1,700rub）
料 スタンダード 13,000rub 〜、デラックス 14,000rub 〜、リュクス 10,300rub 〜（すべて朝食付き）
♪ 中央広場から徒歩10分　MAP P125 E-2

ビジネスユースも多い、シンプルで機能的なホテル

ロシアのホテルチェーン、スラヴャンカのひとつで、120の客室を持つウラジオストクでは比較的大きな規模のホテル。ウラジオストク駅からも近く、ビジネスマンの利用も多い。賑やかなベスチュージェヴ通りに面し、周辺にはグリルバーなどのレストランやスーパーもある便利な立地。朝7時半からオープンするカフェレストランは、ゲストにも人気が高く、ボルシチやビーフストロガノフなどのロシア料理やヨーロッパの各料理、タラバガニ

など新鮮な沿海州の魚介類が食べられる。内装もオシャレで雰囲気もいいので、ディナーにもオススメ。部屋はシングルルーム、スタンダード、コネクティングルーム、Jr.スイートから選べる。バスタブはなく全室シャワールーム、アメニティはないので持参して。部屋はシンプルながら、鮮やかな色使いでオシャレな印象。ビジネスホテルのようなクラス感にオシャレエッセンスを加えた、清潔感があって利用しやすいホテルだ。

1 スタンダードツインルーム。全室シャワー、トイレ付き　**2** シングルルーム。全室に冷蔵庫完備　**3 4** 朝7時半から夜9時まで。ビビッドな色使いがオシャレなレストランはテーブルが広く、ゆったり食事ができる

清潔感のある大型ホテル

Гостиница Жемчужина
ジェムチュジナ ホテル

〰〰〰〰〰〰〰〰〰〰〰〰〰〰〰〰〰〰

🏠 Бестужева,29　☎ 8-423-230-22-41
IN 14:00　Out 12:00　Room 全120室　送迎 なし
料 スタンダード 4,700rub〜、ツイン 5,000rub〜
♪ ウラジオストク駅から徒歩10分　MAP P122 B-3

ウラジオストク駅からいちばん近いホテル

もしツアーのホテルがこのホテルだったら、ちょっとラッキー。その理由は、ウラジオストク駅にも近く、カフェやベーカリーが評判で、総合評価が高いホテルだから。ホテルは1964年にオープン、ソ連時代は国営だった。広いロビーのある1階には、ATMと24時間営業の2つのレストラン Pizza M とホフロマがある。日本からの飛行機の到着は夜便が多いので、遅くなっても利用できるとあってとても便利。各フロアにはウォーターサーバーを設置、アイロン室もある。ベーカリーは地元でも人気で、焼きたてパンが購入できる。ちょっとしたことだけど、こういった積み重ねは快適に過ごすための重要な鍵となり、満足度に直結するのだ。部屋はスタンダード、デラックス、リュクス（スイート）の3タイプ、全室にバスタブがある。特にスイートルームはバーカウンター付きの部屋もあって遊び心も満点。海側の高層階からは、金角湾が一望できる。女性のひとり旅にもオススメのホテルだ。

1 リュクスのデザインはさまざま。赤いソファーやカーテンがヨーロッパテイスト　**2 3** バーカウンター付きのリュクス。部屋でパーティーができそう

朝カフェに人気の
ベーカリーショップ

ウラジオストク駅周辺にある本格的なベーカリーはここだけとあって、長距離電車に乗る人も買いに来る人気店。店で焼くパンは約20種類。ロシアのパンはわりとパサついているものが多く、ちょっと残念なこともあるのだが、こちらはそれがなく、焼きたてのおいしいパンが味わえる。パンのほかにはクッキーやケーキ、コーヒーも。ショップ内にはイートインのスペースもあるので、気軽に利用できる。値段は50rub位からと手頃な価格。

4 親切で明るいスタッフ。イケメンなので迷わず撮影　5 いちばん人気は、薄いパイ生地をのせたクリームたっぷりのナポレオン 150rub　6 サクサク食感がおいしいチキンサモサ 120rub　7 ホテルの入口すぐにあるので、入りやすい　8 イタリアンやアメリカンなピザは 20 種類以上。メニュー豊富なカフェレストラン

Гостиница Приморье
ホテル プリモリエ

住 Посьетская,20
☎ 8-423-241-14-22
IN 12:00　Out 12:00　Room 全 117 室
送迎 空港送迎あり
　　（HP から申し込み 1,500rub 〜）
料 スタンダード 5,300rub 〜、
　　スタジオ 17,000rub 〜、
　　リュクス 8,500rub 〜
　　ビジネス 6,000rub 〜（すべて朝食付き）
🚶 ウラジオストク駅から徒歩 7 分
MAP P122 C-3

9 シングルルーム。部屋はシンプルで清潔感がある　10 客室数 117 を誇る大型ホテル

噴水通りの路地裏に佇む小さな宿

アートなデザインで人気
噴水通りのゲストハウス

噴水通りの路地に位置し、どこに行くにも便利。アートでポップなカラフルさが大人気で、なかなか予約が取れないゲストハウス。オーナーのロマンさんは世界中を旅した旅人で、現代アートの展覧会のゲストにも呼ばれる芸術家。アートと旅が融合したゲストハウスを作ろうと、築100年のレンガの古民家をリノベーション。部屋ごとにデザインが異なる楽しさは、まさにアート。古民家の風合いを残しながらリノベーションしているので、階段は急で、廊下や部屋は狭く、快適な高級ホテルとは対極にあるような宿だけど、それがまた、たまらなくいい風合いを醸し出している。旅に出たらこんな感じのオシャレなゲストハウスに、いちどは泊まってみたいと思わせる宿なのだ。部屋はドミトリーと個室タイプ。ドミトリーはバストイレ共同、2つの個室は広く、バストイレ付きなのでオススメ。すぐ向かいに2号館もできた。予定が決まったら、早めに予約したい人気の宿だ。

1 メインのロビーには大きなソファーが置かれ、ゆっくりできる **2** 2名用の個室。こちらは共同のバストイレの部屋 **3** ドミトリータイプの2人部屋

4 5 6 バストイレ付き個室は2部屋。広くて快適に過ごせる

Gallery and More
ギャラリー アンド モア

住 Адмирала Фокина,4Б　☎ 8-924-738-67-90
IN 14:00　Out 12:00　Room 全25室　送迎 なし
料 個室バストイレ付き 2,300rub 〜、
　2人部屋バストイレ共同 1,400rub 〜
噴水通り　MAP P124 B-2

急坂にあるホステルが
人気の理由とは

地図上では、駅やヴェルサイユホテル通り
にも近く、アクセスの良い立地。しかしこ
のホステルは、市内いちの急坂のポシエ
ツカヤ通りにある。しかもホステルはその
上の高台に建ち、スーツケースがあるとなか
なか大変。だけどここは大人気だとい
う。それはなぜ？　その理由を探るべくホ
ステルへ。部屋は7つ、ドミトリーと個室
が選べる。個室にはシャワートイレが完備。
ドミトリーは共同のバストイレ。白ベース
の部屋は清潔感があり窓枠がかわいくて、
その上スタッフはとっても親切。24時間
使用可能なキッチン付きの共有スペース
には、用具も一式揃う。掃除は毎日、コイ
ンランドリーもあって、長期滞在も快適に
過ごせそう。テラスからは海が一望、金
角湾の軍艦や大橋まで見渡せる。と、良
いポイントがたくさんで、しかも安いとい
う総合点がとっても高い宿だったのだ。坂
さえクリアできれば、確かに駅も人気の通
りへも近い。バックパッカーを中心に、若
い人から熱い支持を受けているのに納得！

大きな窓で明るい共同のキッチンスペース。市場で
食材を購入して調理、なんてこともできる

1 ドミトリーは男女別、こちらは4人
用　**2** 急坂のさらに高台に。建物の下は
防空壕になっている　**3** ロビーにはかわ
いいイラストが　**4** 4人用のドミトリー

Tiger Hostel Vladivostok
タイガー ホステル

🏠Посьетская,31а　📞8-908-990-79-90
IN 14:00　Out 12:00　Room 全7室（35ベッド）
送迎 予約サイトから申し込み（1,400rub～）
料 個室バストイレ付き 3,500rub～、
　　ドミトリー4人部屋（男女別）バストイレ共同 750rub～
🚃ウラジオストク駅から徒歩10分　MAP P124 B-3

持ち帰りたい
ウラジオストク

港町グッズに伝統工芸品
素朴でかわいいウラジオストク土産

ウラジオストクでは、ロシアの工芸品に加えて、沿海州の特産品や港町ならではのグッズがたくさんある。ウラジオストクのご当地グッズは、雑貨屋や土産物店で買える。海や灯台、猫モノが多く、Tシャツやバッジ、キーホルダーやグラスにトートバッグ、マグや水筒とさまざま。大きくウラジオストクと書かれたザ・ご当地モノも。沿海州の名産品ははちみつやチョコレート、それから魚介類。スーパーでも買えるがせっかくなら専門店に行ってみよう。魚介類は空港に専門店があるので、帰国日に購入できる。

何といっても工芸品のスーパーエースは、マトリョーシカ。土産物店ではどこでも売っているし、種類も絵柄も豊富だ。値段は日本の半分位なので、ついついほしくなる。また、マトリョーシカの絵柄を使ったさまざまなグッズもチェックしておきたい。

ロシアの伝統工芸品はほかにもある。黒地にベリーや草花を描いた、ホフロマ塗りもとっても魅力。主に木製の食器に使われる絵付けで、黒、赤、金の鮮やかな色あい。木の素朴さとゴージャスさがおもしろい。グジェリと呼ばれる陶器は、澄んだ青が印象的。とってもキレイで繊細な陶器なのに価格はお手頃。これが家にあったらセレブ気分が楽しめる。

そして注目はロシア正教のグッズ。もともとは信者のために販売しているのだが、十字架やマリア像の彫刻のシルバーアクセサリーは、ファッションアイテムとしてもそのまま使えそう。スーパーではロシアで人気のお菓子も。それから、それからと、まだまだ紹介しきれないほど、魅力いっぱいのウラジオグッズ。値段が手頃なので、ついつい買っちゃう。ならば意を決し荷物は行きの倍にして、パンパンにして帰ろうか、それとも送るかと真剣に悩むほど、かわいいグッズがいっぱいなのだ。

港町ウラジオグッズ

どの土産物屋でも雑貨店でもあるのが、ウラジオストク産のポストカード。海をモチーフにしたものが多く、船や灯台、海で働く男たち、アムールトラなどのイラストが描かれている。

素朴でやさしいタッチのイラストで、日本でも気軽に使えそうなかわいらしさ。また、昔の写真を使ったレトロなセピア色のカードや写真も。値段もひとつ 30rub 位からと手頃な価格。

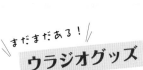

自分でも描けそうな、絶妙なヘタウマのイラストがかわいい。
このポストカードが買えるのは
→ニヴェリスコイ P37

まだまだある！ ウラジオグッズ

ウラジオご当地モノは、海軍グッズやマリーン T シャツ、トートバッグやマグカップなどたくさん。どこか素朴でローカルな雰囲気が漂うが、それもまたいい感じ。お宝発掘気分でご当地モノを探してみよう。

ウラジオストク
ピンバッジ

アムールトラや
港町のマグ

海の生物の
マグネット

マリーン風の
T シャツ

ちょっとほしく
なる海軍の帽子

マトリョーシカ図鑑

お土産界のスーパーエース
マトリョーシカ

ロシアに行ったら買って帰りたいお土産のナンバーワンは、次々に出てくるマトリョーシカ。ロシア各地で作られ、有名な産地は6カ所ほど。モスクワの東に位置するセミョーノフ、モスクワ郊外の街セルギエフが有名で、ほかにも小さな工房を合わせると数えきれないほど存在する。それぞれの地域や工房、職人によって絵柄が違うので、じっくりと選びたい。それでも、共通するところもある。それは衣装。頭には大判のショールのプラトークを被り、サラファンという民族衣装を着ている。ひとつひとつ手づくりなので、よく見ると顔が違う。どれもかわいいけど、その中でもこれだ！というのが見つかるので、時間をかけて選びたい。ロシアを代表する工芸品は、形を変えていろんな商品にもなっている。そもそも絵柄がとってもかわいいので、どんな商品でもいける。ロシアのお土産としてマトリョーシカグッズはぴったりで、もらってうれしいモノ。

ショットグラス

ロシアの名産品ウォッカ。ショットグラスには、マトリョーシカ絵柄がたくさん。小物入れとしても使えそう

シール

シンプルなものでも、このシールさえ貼ればロシアングッズに変身。ひとつ100rub前後と手頃

くつ下

小さなマトリョーシカがいっぱいのポップな靴下。ほかにはロシアの楽器バラライカやペリメニ柄なども

キーホルダー

サイズは約3cmと小ぶり。中は本物のようには開かない。100rub位と手頃なのでバラマキ用土産にもオススメ

マグネット

冷蔵庫やデスクやボードにベタベタ貼りたいかわいいマグネット。ガラスや陶器、木製などさまざまな素材がある

お菓子

チョコレートやクッキーなどのお菓子や紅茶のパッケージにも登場。お土産にもぴったりな包装で喜ばれそう

ホフロマ柄系

ロシアにはいろいろなデザインのマトリョーシカがあるが、ここでは
ウラジオストクでよく見るものを紹介。こちらは伝統工芸品のホフ
ロマ塗り。おもにベリー、草木が描かれている。黒をベースに赤や
黄色の鮮やかな色使いでゴージャスな重量感を感じる。

セミョーノフ系

モスクワから東へ約400km、ニジニ・ノヴゴロド州のセミョーノフと
いう町で生まれたといわれるマトリョーシカ。ソ連時代に建てられた
国営の工場で、たくさんの伝統工芸品が作られている。セミョーノフ
系の特徴は黄色や赤をベースに、薔薇を描いたロシアらしいデザイン。

ロシアの伝統的な
陶器のグジェリ柄
をモチーフにした
マトリョーシカ。
グジェリの象徴、
白地に青色で描か
れている

グジェリ系

キャラ系

プーチンやスターリン、ゴ
ルバチョフなどの人物モノ。
プーチンがどんどん若返る、
歴代の指導者が出てくるな
ど楽しい展開に人気沸騰中

ロシア正教系

キリストやマリアなどが描
かれた、荘厳なデザインのロ
シア正教のマトリョーシカ。
日本ではほぼ見られないデ
ザインなので要チェック

ロシアの伝統工芸

ホフロマ塗り

森の恵み、ベリーと花と葉
ロシアを代表する絵付けの工芸品

セミョーノフはマトリョーシカのほかにもさまざまな工芸品を作る町で、ホフロマ塗りの本家と呼ばれている。ベリーや草木、動物などが描かれ、黒、赤、黄色の鮮やかな色の塗り物。何度も塗り重ねられた絵付けは、重厚な質感で食器やお盆などに使われる。絵付けのあと窯で焼き入れするので、食品を乗せても、口に入れても安全なのだとか。セミョーノフで生まれたホフロマ塗りは各地で作られ、ロシアを代表する絵付けになっている。

観賞用の工芸品ではなく、実際に使われる食器

黒赤黄色のほかに、青や緑の色も

お菓子や砂糖を入れる、蓋つきの容器

食前酒などのお酒を入れる、お盆付きのグラスのセット

木製玩具

子供が遊ぶ木製玩具も、ロシアはこんなにカラフル。木のやさしい温もりと派手な色の取り合わせがおもしろい。

大きな薔薇を描いたゴージャスなマラカス

下にオモリを向けてくるくる回すと鳥が動く仕掛けの玩具

単音の子供用の小さな笛

アルセーニエフ博物館近くの地下道にある、地元向けの洗練された日用品のお店。良心的価格で、中国製品はなくロシア各地から選りすぐりの品を集めるセレクトショップ。マトリョーシカやグジェリなどの工芸品もある。通常マトリョーシカを購入するとそのままだが、ここは専用のかわいい布袋をつけてくれる、うれしいサービスがある。お土産に最適。

Декор маркет
デコル マーケット

🏠 Светланская,20
☎ 8-966-270-78-10 🕙 10:00 〜 19:00
カード ○ ♪ アルセーニエフ博物館前の地下道 MAP P124 C-3

グジェリ

モスクワから南東に70km、グジェリ村で作られる陶器。グジェリ国立芸術・産業大学や美術館、工場があり、グジェリ村周辺の陶器工場では、約1500人が働く地域の一大産業。白地をベースに青色で模様を描いた実用性の高い陶器で、広くロシアの家庭で使われるもの。こんなに繊細でキレイな食器を、ふだん使いするなんてなんだかすごい！

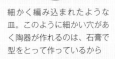

スプーン付きのコーヒーカップ。取っ手の形がおもしろい

細かく編み込まれたような皿。このように細かい穴があく陶器が作れるのは、石膏で型をとって作っているから

ドロップ型の深めの陶器。絵は外側だけじゃなく中にも描かれている

波打つような形のソーサー。製造工程は取っ手、カップは別々に型取りし最後に合わせる

日本で売られる半分以下の価格で購入できるので、まとめ買いしたい

フルーツやお菓子を入れる絵皿は立体的で中央に向けて傾斜が付いている

市内最大の品揃え、日本円でも買える土産物店

中央広場を海側に進むと大きなマトリョーシカの看板が。ここは1〜3階まである大型の一軒家の土産物店。マトリョーシカや木製玩具、ホフロマ塗り、グジェリなどの伝統工芸品やアーミー関連や食品、宝石までなんでも揃う。たくさんの商品があるので、まずはここへ来てチェックしてみるのがオススメ。ウラジオストクでは唯一、日本円での決済が可能。

Vlad Gifts
ブラッドギフツ

🏠 Корабельная,21　☎ 8-423-200-12-15
🕐 9:00〜19:00　休なし　カード ○
🚶中央広場から徒歩1分　MAP P125 D-4

荘厳な雰囲気のミサへ

1

2

3

4

日曜日はミサに参加

オケアンスキー・プロスペクト通りの坂道を北
上すると、金色に輝くクポールの教会が見えて
くる。ここは1897年に創建されたロシア正教
の教会。いちどこの教会は壊されている。スター
リン政権下では国家の支配下に置かれ、弾圧
されていたためだ。2003年に再創建され現在
の形に。鐘の音が美しく、地元での信仰も厚い。
日曜の朝8～11時は誰でも参加できるミサが
ある。中に入ると賛美歌が流れ、正面にはたく
さんのイコンが並ぶ。敷地内には、信者のため
のキリストグッズを販売するショップがあるの
で、帰りにのぞいてみよう。

5

6

1 男性は脱帽、女性は頭を覆うことが必要。入口で布の貸し出
しあり **2** 金と青のクポールが美しい **3** 同じ敷地に建つレン
ガの礼拝堂 **4** キャンドルやイコンなどの宗教グッズやお土産
が買えるショップ **5** ポストカードも販売 **6** 聖書の絵本の品
揃えも豊富

Покровский храм
パクロフスキー教会

〒Океанский проспект,44　🚌噴水通りから徒歩20
分、バス15、51番ほか、ポクロフスキー・パルク（Покр
овский парк）バス停下車徒歩1分　MAP P123 D-1

ロシア正教
グッズ

ここでしか買えないアイテムがたくさん

日本ではなかなか手に入らない、ロシア正教グッズ。ポストカードや絵本もあるので、お土産も探せる。西洋絵画のようなイコン（聖画像）は美しく、なんだかとっても魅力的。注目はシルバーアクセサリー。日本でもブームが来そうな気配も!?

携帯用の祭壇カード 30rub。お祈り用に使うもの

携帯用のイコンカード 30rub。お守りのように持ち歩くもの

イースターの卵のオブジェ 100rub。カラフルでインテリアにも使えそう

聖書の一部を描いた額縁入りのマリア像のイコン 250rub。スタンド付きで、しっかりとした写真たてのような仕様

お祈りや病気の時に使用する聖水 60rub

繊細な彫刻が施されたシルバーの十字架のペンダントヘッド。ひとつ 1,500rub からと驚くような価格。クオリティはどこぞのブランドと比べても全く遜色ない精巧さ。これがこの価格で買えるなんて！

113

1 スパイスのほかに、オイルやナッツも
2 試食もできるので、気になるものは試して
みよう　**3** かわいいパッケージ　**4** 松の実に
チョコレートは 220rub

最小は 30g から。いちばん人気の
グルジアの塩、100g で 123rub

世界のスパイスを量り売りで

自分用のお土産にもぴったりな、スパイスの量
り売り。これはオススメ、ぜひ試してほしい。
世界中のスパイスが 50 種類以上。唐辛子など
単一商品から、調合スパイスまで、棚には 300
以上の瓶がズラリ。スパイスはオリジナル配合
のマジックソルト。例えばグルジアの塩を、グ
リルした肉や野菜にかければ、複雑なスパイ
スがおいしいグルジア料理に。ボルシチの塩
をかければ、たちまちボルシチの風味に。グ
ルジアの塩を購入して試してみたが、材料を
焼くだけですぐにあの味を再現できた。これは
とっても便利！

双子の姉妹で
店をきりもり。
気軽に声をかけ
けてね

Пряные гости
プリャーニー ゴスチ

❖❖❖❖❖❖❖❖❖❖❖❖❖❖❖❖❖❖❖❖❖❖❖❖

🏠Адмирала Фокина,16а　☎ 8-914-706-71-38
🕐10:00 ～ 20:00　休なし　カード ○
🚶噴水通りから徒歩 5 分　MAP P125 D-3

すべて無添加の自然派食品

健康志向者が増えているロシアでは、いま無添加食品が注目されている。こちらの商品の9割は国内産で、ロシア全土から良いものを取り寄せる。特にオイルはロシアで人気の、ドムケドラのオイルシリーズが揃う。植物性のオイルで、アカスズナやかぼちゃの種などから作られ、サラダやおかゆにかけていただく。また、ロシアの伝統的な食品もズラリ。いろいろな食材をジャムのようにして作るヴァレニエは、身体を温め風邪をひいた時に食べる健康食品。日本ではなかなか購入できないものがたくさん揃うので、健康意識が高い人は要チェックの店。

Salat
サラット

1 見たことがない商品がいっぱい　**2** こちらがヴァレニエ。中身はいろいろだが、これは松の実　**3** ドムケドラのオイルシリーズ。シンプルなパッケージも素敵

🏠 Посьетская,13　📷 なし
🕙 10:00 ～ 20:00　休 なし　カード ○
🚶 ウラジオストク駅から徒歩7分　MAP P122 B-3

気軽に試食できるはちみつ専門店

沿海州の名産品、はちみつの専門店。スーパーでも売られるが、試食可能な専門店で味を確認してから購入したい。当たり前だけど、はちみつは採取する花によって味が全く違う。ここではほぼ全商品の試食用のはちみつがズラリと並べられていて、その都度声がけをしなくても、気に入る商品が見つかるまで、自由に試食できるのだ。店内にあるはちみつは30種類、巣から取り出したそのままのハニーカムタイプ、フルーツやナッツと混ぜたスイーツタイプなどたくさんの種類が揃う。パッケージもかわいいのでお土産にもオススメ。

Приморский Мёд
プリモールスキー・ミョード

1 いちばん人気の菩提樹のはちみつ300g/250rub　**2** 黄色ベースのかわいい店内　**3** 店頭に並べられた試食コーナー　**4** バケツ入りのはちみつはオリジナルの沿海州産のもの

🏠 Семёновская,22　📞 8-423-226-46-71
🕙 9:30 ～ 18:30、土日曜 10:00 ～ 18:00
休 なし　カード ○
🚶 噴水通りから徒歩5分　MAP P125 D-2

ついつい毎日
行っちゃう
コンビニ＆スーパー

ほしいものは
ひと通り揃う便利な
スーパー＆コンビニ

中心部にはミニマルケト
TIKO や 24 などのコン
ビニがあって、観光の帰
り道に必ず寄ってしまう。
ウラジオストクのコンビ
ニやスーパーは品揃えが
良く、ハワイの ABC マー
トのように食料品から日
用品、そしてお土産まで
売っている。コンビニや
スーパーをはしごするの
も楽しみのひとつ。

ウラジオストク駅周辺のホテルなら

ジェムチュジナホテル、ホテルプリモリエ、アジムットホテルなどから歩いてすぐの24時間営業のコンビニ。中に入ると思ったより広く、食料品やドリンク、お酒やお菓子、日用品もひと通りある。特に充実しているのは、パンとお惣菜。パンは入口横の独立したコーナーがあって、黒パンやピロシキ、バケットなど30種類以上がズラリと並ぶ。また、お弁当やサンドイッチなどのお惣菜コーナーも広め。時間を気にせず利用できるのがいい。

2Четыре
24

🏠 Морская,1-я8　☎ 8-423-241-21-54
🕐 24時間　🈳なし　カード ○　🚃 ウラジオストク
駅から徒歩8分　MAP P122 B-2、P124 B-4

1 カップラーメン、スープのコーナー　2 お弁当コーナーで購入したものは、日本同様温めができる　3 瓶のピクルスやトマトペーストなど。海外ものってつい見ちゃう

バラマキ用お菓子に便利
定番の大型スーパー

中心部に近い大型スーパーなら、噴水通りから徒歩5分のショッピングモール、クローバーハウスの地下へ。果物や野菜、生鮮食料品、酒、紅茶などから、箱入りから個装のお菓子も。スーパーだから食品関係の品揃えは抜群、リーズナブルな価格で買える。名産品の魚介類は、持ち帰りが便利な缶詰がオススメで、サーモンやニシンなど種類も豊富。食品系のお土産探しなら、まずはこちらへ行ってみよう。また、ここには大きなデリカがあって地元でも人気。グリルや煮込み料理がグラム単位で買えるので、テイクアウトにもオススメ。

1 お酒のコーナー。ウォッカやロシアやグルジアワインが人気　2 お菓子コーナー。箱入りのチョコレートも安い

Фреш 25
フレッシュ 25

🏠 Семёновская,15　☎ 8-423-224-07-17
🕐 24時間　カード ○
🚃 噴水通りから徒歩5分　MAP P125 D-2

3 ビールコーナー。沿海州や日本のクラフトビールも
4 充実のデリカコーナー

スーパーで買える紅茶

輸入量は世界一、紅茶大国ロシアでお土産選び

紅茶の消費量は世界で4位、輸入量は世界で1位と、紅茶好きで知られるロシアのスーパーには大きな売り場がある。グルジアやアゼルバイジャンなど、紅茶の産地が独立したため、現在国内生産は少ない。国内で売られているものは、ほとんどが世界有数の産地から仕入れた外国産で、世界中のおいしい紅茶が集まる。素敵なパッケージに、思わずジャケ買いしたくなる。

スペシャル
セイロンティー

スリランカの老舗紅茶メーカー。バシラーは素敵なパッケージで有名。スリランカの国の形の容器のセイロンティー

白砂糖

ロシア産の白砂糖。スラブ民族の伝統模様が入ったかわいいパッケージに思わずジャケ買い

黒砂糖

ロシア産のブラウンシュガー。紅茶にコクのある味わいを求める人に人気。デザインが素敵

ジンジャー、
オレンジペコ

インド風の布のパッケージが魅力のタバス社の紅茶。左は紅茶とジンジャー、右はオレンジペコ

ビルベリー、野草茶

草木をデザインした、かわいいパッケージで人気のクラスノバルスキー社のシリーズ。ロシアらしい包装でお土産にもぴったり。紫色はビルベリー入り、緑色はロシアで有名な野草茶のイヴァンチャイ、黒はスタンダードの紅茶、白はカモミールティー

緑茶

クラシックで重厚、古い書籍のような素敵なパッケージは、バシラーのラブストーリーシリーズ

素敵な洋館の24時間営業コンビニ

ヴェルサイユホテルから近く、コンビニとは思えない素敵な外観。食料品やお酒、日用品はもちろん、マトリョーシカなどのお土産コーナーが広い。さらにイートインコーナーまである充実のスーパーコンビニだ。

Минимаркет ТИКО
ミニマルケト TIKO

🏠Светланская,7　📞8-994-017-62-00　🕐24時間
カード ○　♩ヴェルサイユホテル通り　MAP P124 C-3

1 白と淡い水色が素敵な洋館　**2** 伝統工芸品やご当地モノまで揃う広いお土産コーナー　**3** 中は広く、ちょっとしたスーパーのよう

スーパー人気ベスト3はコレ！

定番のお菓子からコスメまで、人気のお土産はスーパーやコンビニで揃う。どの店でも大きなコーナーがあって人気のアイテムはすぐわかる。種類も豊富、値段も安いので、いろいろ試してみよう。

アリョンカのチョコレート

ロシアを代表するチョコレートは、赤ちゃんのパッケージでおなじみのアリョンカ。アリョンカとは、このモデルの赤ちゃんの愛称。お菓子コーナーはアリョンカが独占している。基本は板チョコのミルクチョコレート。ミルクたっぷりのやさしい味で、どこか懐かしさを感じさせる。たくさんのフレーバーがあるので、いろいろ試してみたい。

プルスチームのスナック

スナックコーナーのエース、プルスチームのスナックシリーズ。乾燥したパンにさまざまな味付けをしたお菓子で、たくさんの種類を販売。オススメはトマト味、いちど食べたらもう止まらない！

アガフィーおばあちゃんのレシピ

プチプラの優秀コスメは断然こちら。天然のシベリアの薬草などオーガニック素材を使い、たくさんのボディケア商品がある。ハンドクリームはひとつ50rub位と価格も安く、パッケージもかわいいのでお土産に最適。

ホテルで
部屋飲み

テイクアウトして部屋で
ゆっくりお酒を楽しむ

スーパー、コンビニではビールやウォッカ、ワインなど豊富な種類が揃い、デリカやスタローバヤではお惣菜がテイクアウトできる。専門店でチョコレートやチーズ、それからスナック菓子も。街歩きしながらおいしいモノを集めて、今日は部屋でプチパーティーを開催！

専門店やスーパーで調達できる
お酒とおいしいおつまみ

専門店

専門店の手作りチョコレートがあれば、オシャレ感がググッと上がっていい感じ。→ P43 プリモールスキー カンヂーチェル

お菓子

スーパーやコンビニではたくさんの種類がある。オススメは→ P119、プルスチームのスナック

お酒

スーパーやコンビニで買えるほか、最近ではワインの専門店も。ロシアやグルジア産のワインに挑戦してみたい。販売は 22 時まで

お惣菜

スーパーのデリカはステーキやグリルチキン、煮込み料理など本格的な料理が買える。→ P117 フレッシュ 25

大衆食堂のスタローバヤは、テイクアウトもできるのでお部屋でごはんも。→ P33、93

沿海州の特産品のチーズ

> プロセスチーズは日本に持ち込みOK

すべて沿海州産の素材を使用、ウスリークスの近くに工場を持つ。クリームチーズやモッツァレラなどのフレッシュチーズから、パルメザン、カチョッタなどの熟成チーズまで約 40 種類が揃う、沿海州産チーズの専門店。

Solo
ソロ

🏠 Суханова,6 ☎ 8-908-977-55-44
🕐 9:00 ~ 20:00 休なし カード ○
🚶 中央広場から徒歩 12 分 MAP P125 F-2

> 部屋飲みの主役はチーズ！

1 チーズたっぷりのきのこパイは 100g で 90rub **2** チーズのほか、パンやクラッカーなども **3** いちばん人気は硬めのプロセスチーズのソロ

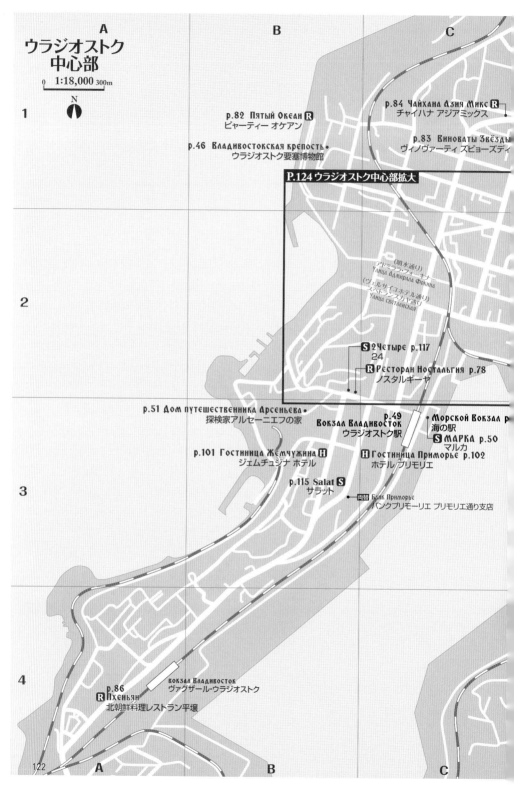

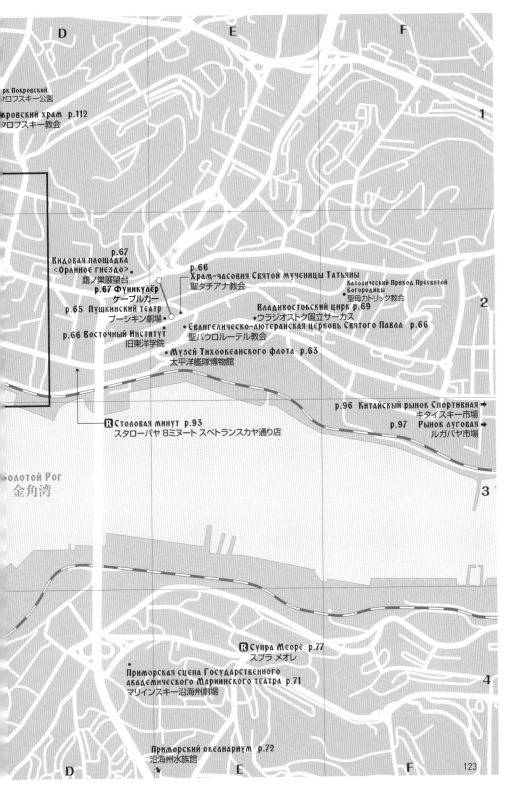

D E F

1

рк Покровский
'ЛОФСКИЙ ПАРК

КРОВСКИЙ ХРАМ p.112
'ЛОФСКИ-教会

p.67
Видовая площадка
<Орлиное гнездо>
鷹ノ巣展望台
p.67 Фуникулёр
ケーブルカー
p.65 Пушкинский театр
プーシキン劇場
p.66 Восточный Институт
旧東洋学院

p.66
Храм-часовня Святой мученицы Татьяны
聖タチアナ教会

Католический Приход Пресвятой
Богородицы
聖母カトリック教会

Владивостокский цирк p.69
ウラジオストク国立サーカス

Евангелическо-лютеранская церковь Святого Павла p.66
聖パウロルーテル教会

Музей Тихоокеанского флота p.63
太平洋艦隊博物館

2

R Столовая минут p.93
スタローバヤ 8ミヌート スベトランスカヤ通り店

p.96 Китайский рынок Спортивная →
キタイスキー市場

p.97 Рынок луговая →
ルガバヤ市場

ОЛОТОЙ РОГ
金角湾

3

R Супра Меоре p.77
スプラ メオレ

Приморская сцена Государственного
академического Мариинского театра p.71
マリインスキー沿海州劇場

4

Приморский океанариум p.72
沿海州水族館

D E F 123

A　B　C

1

p.45 Океанариум•
オケアナリウム（水族館）

p.85 **Zeytun** Ⓡ
ツァイトゥン

Ⓡ Гусь Карась p.79
グス・カラス

p.81 **ПЕЛЬМЕНИ ПИРОГИ**
ペリメニピロギ

• Карусель парк развлечений p.45
カルセリ遊園地

Динамо
ディナモ競技場•

p.43 **ПРИМОРСКИЙ КОНДИТЕР** Ⓢ
プリモールスキー カンヂーチェル

p.40 **Ух ты, блин** Ⓡ
ウフ・トゥイ・ブリン

p.39 **Five o'clock** Ⓒ
ファイブ・オクロック

p.42 **СУВЕНИРНАЯ ЛАВКА** Ⓢ
スベニールナヤラフカ

2

p.41 **Мидия** Ⓡ
ミディヤ

p.104 **Gallery and More** Ⓗ
ギャラリー アンド モア

Ⓡ两替 **СОЛИД БАН**
ソリッドバ

p.33 **Столовая 8 минут** Ⓡ
スターロバヤ 8ミヌート ヴェルサイユ前店

p.33 Ⓡ **Не рыдай**
ニルィ・ダイ

p.37 **Сундук** Ⓢ
スンドゥク

p.92 **Пекарня Мишеля** Ⓒ
ペーカルニャ ミッシェラ 映画館前店

p.37 **НЕВЕЛЬСКОЙ** Ⓢ
ニヴェリスコイ

Ⓢp.35 **ВЛАДКНИГ**
ヴラッドクニ

p.35 **スティルリッツの像**

p.99 **Отель Версаль** Ⓗ
ヴェルサイユホテル

p.80 **Порто Франко** Ⓡ
ポルトフランコ

p.34 **ДЕЛО В МЯСЕ** Ⓡ
デェロ・フ・ミャーセ

p.118 **Минимаркет ТИКО** Ⓢ
ミニマルケトTIKO

3

p.34 **Ложки плошки** Ⓡ
ローシキ・ブローシキ

Банк Приморье 两替
バンク プリモーリエ 博物館前支店

p.31 **Приморский музей им. В.К. Арсеньева**
アルセーニエフ記念国立沿海地方博物館

p.110 **Декор Маркет** Ⓢ
デコル マーケット（地下街）

沿海州行政府庁舎

p.105 **Tiger Hostel Vladivostok** Ⓗ
タイガー ホステル

Ⓗ **АЗИМУТ Отель Владивосток**
アジムット ホテル ウラジオストク

Приморская государственная картинная Галерея •
沿海地方州立美術館

4

p.22 **Пирожочница** Ⓢ
ピラジョーチニッツァ

Ⓢ **2Четыре** p.117
24

Ⓡ **Ресторан Ностальгия** p.78
ノスタルギーヤ

A　B　C ↓ウラジオストク

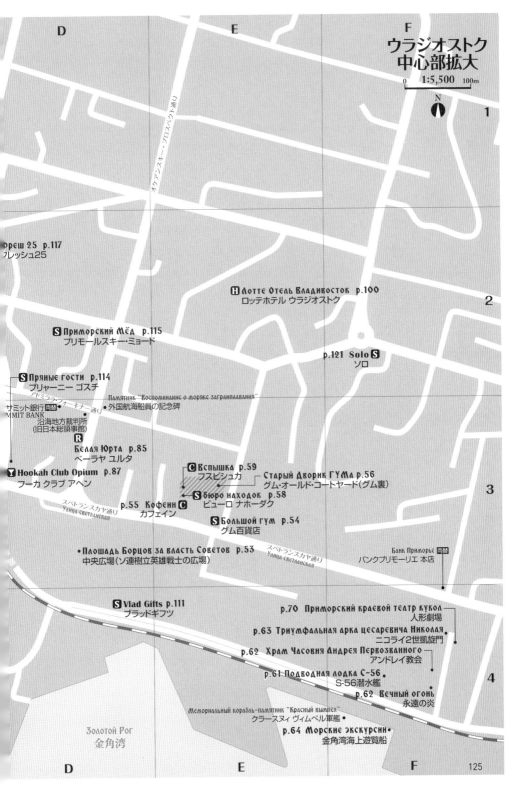

オケアンスキー プロスペクト通り

рэш 25 p.117
フレッシュ25

H Лотте Отель Владивосток p.100
ロッテホテル ウラジオストク

2

S Приморский Мёд p.115
プリモールスキー・ミョード

p.121 Solo **S**
ソロ

S Пряные Гости p.114
プリャーニー ゴスチ

アドミラーラ フォーキナー通り

Памятник "Воспоминание о моряке загранплавания"
外国航海船員の記念碑

サミット銀行 **両替**
MMIT BANK
沿海地方裁判所
(旧日本総領事館)

R

Белая Юрта p.85
ベーラヤ ユルタ

Y Hookah Club Opium p.87
フーカ クラブ アヘン

C Вспышка p.59
フスピシュカ

Старый Дворик ГУМА p.56
グム・オールド・コートヤード(グム裏)

S бюро находок p.58
ビューロ ナホーダク

3

p.55 Кофеин **C**
カフェイン

S Большой ГУМ p.54
グム百貨店

スベトランスカヤ通り
Улица Светланская

• Площадь Борцов за власть Советов p.53
中央広場(ソ連樹立英雄戦士の広場)

Улица Светланская
スベトランスカヤ通り

Банк Приморье **両替**
バンクプリモーリエ 本店

S Vlad Gifts p.111
ブラッドギフツ

p.70 Приморский Краевой Театр Кукол
人形劇場

p.63 Триумфальная арка цесаревича Николая
ニコライ2世凱旋門

p.62 Храм Часовня Андрея Первозванного
アンドレイ教会

p.61 Подводная лодка С-56
S-56潜水艦

4

p.62 Вечный огонь
永遠の炎

Мемориальный корабль-памятник "Красный вымпел" •
クラースヌィ ヴィムペル軍艦

p.64 Морские экскурсии •
金角湾海上遊覧船

Золотой Рог
金角湾

ウラジオストク近郊

1:13,000,000

0　　200km

N

ロシア連邦

鶏西

牡丹江

長春　吉林

中華人民共和国

遼源

撫順

瀋陽

延吉

清津

P.126下段 ウラジオストク広域図

ナホトカ

稚内

旭川

札幌

函館

盛岡

丹東 新義州

咸興

朝鮮民主主義
人民共和国

ピョンヤン

板門店 春川

仁川 ソウル

水原

黄海

世宗

大田

全州 大邱

光州 蔚山

木浦 釜山

大韓民国

安東

慶州

日本海

新潟

金沢 長野

仙台

日本

東京 千葉

横浜

名古屋 静岡

京都

太

ウラジオストク広域図

| A | B | C |

0　1:550,000　10km

N

Рыбачий
リバチ
Международный аэропорт Владивосток
ウラジオストク国際空港

Станция Артём-Приморский-1
スタンツィヤ・アルテム=プリモルスキー-1

Давыдовка
ダヴィドフカ

Прохладное
プロフラドノエ

Шахтёрская
シャフチョルスカヤ

Таврычанка
タヴリチャンカ

Де-Фриз
デ=フリズ

Шкотово
シコトヴォ

Занадворовка
ザナドヴォロフカ

1

Седанка セダンカ駅

Советский район
ソヴェツキー・ライオン

Роме
ロマ

Песчаный
ペスチャン

Чайка
チャイカ駅

Вторая речка フトラーヤ・レチカ

Моргородок モルゴロドク

Рабочая-3 ラボチャヤ Рабочая-3

P.122 ウラジオストク中心部

вокзал Владивосток
ヴァグザール・ウラジオストク

Владивосток Владивосток

Петровка
ペトロフカ

Приморский
プリモルスキー

Амурский залив
アムールスキー・ザリフ

Русский мост
ルースキー・モスト

Уссурийский залив
ウッスリスキー・ザリフ

Большой Камень
ボリショイ・カーメニ

2

Приморский океанариум р.72
沿海州水族館

Русский
ルースキー島

Фокино
フォキノ

| A | B | C |

旅の情報を収集

ウラジオストクへの旅行の計画に役立つサイトの紹介。
現地の新しい情報をゲットして、いろいろ計画をたててみよう。

ウラジオ.com

ウラジオストクで旅行会社『うらじお』運営する会社の代表、宮本智さんが発信するウラジオストクの情報サイト。最新の情報を随時更新、探し物はおそらくここで見つかる。

旅のコンシェルジュデスク 「RTB」by JATM

極東ロシアへの送客No.1の旅行会社のサイト。現地のさまざまなツアーからレストラン予約、チケット手配など、オリジナリティの高い旅が楽しめる。

旅ちゃんねる Min Min Tour

著者の矢巻美穂が運営する旅の動画サイト。これまで、台湾や韓国など取材して良かった店や場所をアップ。今回ウラジオストクの動画も撮影済み。随時ウラジオ動画公開！

タクシーアプリ

快適に移動をするならタクシーアプリが便利。日本でアプリをダウンロードしておけば、現地ですぐに使えて便利。値段の交渉がなく、カードを登録しておけば現地で現金のやり取りがないので、トラブルも少ない。ロシアにはウーバーがないので、同じように使えるYandex. Taxi、Gett、maximなどのアプリを活用しよう。まずはアプリをダウンロード。iPhoneユーザならApp storeで、Androidユーザならgoogle play storeでこの3つのいずれかの名前を入れて検索。事前に電話番号を入れてSMS認証が必要になるので、SIMなどでロシアでの電話番号がある場合は現地でも良いが、ない場合は日本で使える設定電話番号で登録しておく必要がある。値段は若干高いが日本語があるのはGett、英語表記は3つともあるので、使用感もいい。

緊急の時には

親日的で治安の良いウラジオストクだが、何かあったらすぐに連絡しよう。

消防 01	警察 02	救急 03

在ウラジオストク日本国総領事館

電話 8-423-226-74-81、75-58

（毎週土日休み）
9:00 ～ 12:30、13:30 ～ 17:45

極東連邦大学メディカルセンター
Медицинский центр ДВФУ

о. Русский. Пос. Аякс. 10. Кампус ДВФУ. корпус No.25
（ルースキー島極東連邦大学キャンパス隣接）

電話 8-423-223-00-00

月～金曜 9:00 ～ 20:00。外来診療は予約制。
医師は英語可、書類はロシア語、カード払い可

矢巻美穂（やまき みほ）

国内外の旅行雑誌を中心に活動するカメラマン。撮影から執筆・編集作業まで行い、多くの旅行雑誌や旅行書籍に携わる。単著として、『はじめて旅するウズベキスタン』『ソウルラバーズが教えてくれる本当においしいソウル』『台北ナビが教えてくれる本当においしい台湾』（すべて辰巳出版）、『はじめまして、東台湾。』（スペースシャワーブックス）、『トレッキングとポップな街歩き　ネパールへ』（イカロス出版）、『とっておき！南台湾旅事情故事』（ジービー）がある。

YouTube でウラジオストク動画公開中！
「旅ちゃんねる MinMin Tour」
旅するカメラマン矢巻美穂の動画サイト。これまで取材に行って、本当に美味しかった店や行ってよかった人気スポットを紹介しています。海外旅行、国内旅行のグルメ情報が満載！　王道旅も、ディープなスポットも！

YouTube
「旅ちゃんねる MinMin Tour」
はこちらから

制作スタッフ

現地協力	宮本智、諏訪間亮、クリスチーナ・バシマコヴァ
Special Thanks	株式会社ジャパン・エア・トラベル・マーケティング、有限会社うらじお（ウラジオ.com）、尾澤和宏
デザイン	ケイズ・オフィス
地図制作	株式会社周地社
企画・進行	小林智広（辰巳出版株式会社）

....

はじめて旅する ウラジオストク

2020 年 2 月 15 日 初版第 1 刷発行

著者	矢巻美穂
発行者	廣瀬和二
発行所	辰巳出版株式会社
	〒 160-0022
	東京都新宿区新宿 2-15-14 辰巳ビル
	TEL：03-5360-8064（販売部）
	TEL：03-5360-8093（編集部）
	ホームページ：http://www.tg-net.co.jp
印刷・製本	株式会社光邦